交流生笔记

Life Is Elsewhere:
The Exchange Students' Notebook

主　编　杨楚璇
Sophie Yang

副主编　曹格瑞
Gary Cao

南京大学出版社
Nanjing University Press

另一种学习

庄子《天道》篇中有这样一个故事。齐桓公在堂上读圣人书，轮扁认为圣人已经死去了，桓公所读的，不过是古人弃下之糟粕。桓公很生气，轮扁以自己做车轮的经验说，砍削车轮，动作徐缓、急剧都不行，如何才能得心应手做到完美，他人是无法真正传授给你的。

庄子认为，言语之可贵在于达意，而意有所从出之本。意所从出之本，是不可以用言语相传授的。意识到亲身体验的重要，所以，"读万卷书，行万里路"成了中国家喻户晓的教育古训。

出国交流学习，为外语学校的孩子提供了一个在不同文明文化环境中，亲身体验多元文化的差异，学习、理解他国的文化历史传统，提高语言实际运用能力的平台。

在众星拱月氛围中长大的独生子女，离乡背井，独自面对一个历史、文化、观念、习俗都截然不同的环境，寄宿在一个既没有任何亲缘关系且家庭观念、结构也完全不同的大家庭里，这种挑战，非亲身经历无法言说。

如何处理好和住家的关系，是他们必须面对的"第一场战役"。从最初"两个星期天天在哭"到"自闭、忍耐、妥协"到最后"怀着一颗感恩的心"，意识到"刚来的我确实带着很多棱角，不小心就刺到别人""感谢他们这样接纳一个陌生的外国人进入他们家庭生活，这其实已经很伟大了"——"关于住家的一些忠告""新爱"等篇章，真实展现了曾经任性、为我独大的孩子从学会尊重到走向包容的过程。

如何选课？对习惯了接受一张现成课表的孩子，也是一场挑战。是利用交流的机会选择难度大的课程全面丰富自己，还是把交流当作度假，以体验美国普通高中生的轻松生活为目的？我们欣喜地看到，每个孩子都向着自己的目标做出了独立的选择。

大到文化差异、种族问题、宗教信仰，小到舞会装束、一顿野餐；从初到异国时的郁闷，到"如果再选择一次，我还想做交流生"的眷念不舍；从"每天不得不挤出笑面对周围的人"的刻意伪装，到"意识到真诚对人的重要。老师和同学不是演员，更不是达成目标的工具"……在不断冲突、反省、融入的过程中，他们迅速成长。学会了接纳、欣赏，学会了真诚、理解，学会了尊重、包容。

　　"人生的最高境界是自由和道德的结合。"（《孔子传》）相信经历过留学生活的洗礼，他们将会更独立、自信、成熟地面对未来的世界。

董正强

2013年10月

目录 Contents

Chapter 3　有爱就有家

Chapter 4　大熔炉

Chapter 5 一路向前

Chapter 1

十六岁闯美国

我想对你说

= 洪子欣[2012~2013届交流生]

　　我选择高二赴美交流，第一是为了避免花费过多时间准备对我而言没有使用价值的小高考而耽误了SAT和其它学业，因为我已经确定不在国内上大学；第二是为了提高英语；第三是体验美国生活与教育，为我大学及以后做准备。

　　接着来谈谈我的感受与收获。课内学业方面，由于我选择的是私立学校，而且很幸运地被分到了一所挺不错的学校，所以理科学业的教学深度并没有与国内学校落下太多，因此我个人建议如果条件允许，大家可以选择私立学校，以保证学校整体水平与周围同学的素质。我选了两门AP课程，分别是AP化学和微积分AB，收获都非常大，感觉自己学到了很多有用的东西。至于选几门AP课，我个人认为一年不要超过四门。在比较好的学校，AP课的难度还是挺高的，无论文科还是理科，绝不亚于国内的课程，加上我自己还要准备SAT，没有精力去对付那么多AP课程。最关键的是如果因为选了太多AP课程，难度太大，最后成绩只拿到B，很不值得，不如少选几门，但是都拿到Straight A（全A）。另外，我还选了Honors（荣誉课程）生物，美国政治经济学和正常水平的英语、自习课、美术和体育。生物学的内容不是很难，基本上都是高一的知识，但词汇量非常大。美国政治经济学，或者叫做公民学，主要介绍了美国当代的政治制度和经济制度，通过这门课我学到了很多当代美国的政治经济基本知识，对目前美国社会有了很大程度上的了解，颇有收获。而且这门课相对美国历史简单一些，词汇量不是很大，内容更贴近生活，个人认为很实用。

英语应该说是最难的一门课。我们英语老师是一个严格认真的大学老师，他完全按照大学的标准上课，我们每天至少要读上十页的英语文章，并完成相应的写作，内容一般是分析作者写作手法或者概括之类的。一开始我非常不适应，每天都要花几个小时在英语上。他选择的文章难度绝不低于SAT阅读，一篇文章查一百多个生词也是很正常的，然后还要写段落、文章。不过这样的训练对语言的提高相当有效！现在，我读文章能够抓到重点读，速度也很快，写作构思也快，感觉自己整个读写能力上了很大一个台阶。我的建议就是：英语的确很难，但不要怕吃苦，要坚持读、写，苦一苦，是会有很大收获的。

课外学业方面，比如SAT、托福等等，和我来之前所期望的并不一样。在我来以前，我和很多人一样以为学习会很轻松然后我会有大把的时间学习，但其实不然。我每天抓紧时间，晚上十一点睡，大概也只有一两个小时的空闲时间。这些空闲时间还会被家务事、教堂礼拜和考前复习所占用，无法拥有充足时间准备SAT，也没有了像国内那样的相应培训课程。

当然，这与我学校学习抓得比较紧，加上我参加体育活动每天训练两个小时也有很大的关系。我当时没有考托福的打算，所以我一心准备SAT I 和 II，专攻SAT II。SAT II 不是那么容易，还是很有必要静下心来准备一下的。做题比光看知识点重要，把手练熟，对题型熟悉就不会有太大问题。如果选了AP，那恭喜你，我觉得AP对SAT II有很大帮助，知识点基本上完全相同，而且学校里老师教课，就像是在学校里有老师教SAT II一样，这也是我选AP化学的原因。SAT I 最重要的是背单词，加快阅读速度，提高效率，抓住重点。在美国考SAT很方便，开车半小时不到就到考点了，人也少，我考SAT II整个考场里就两个人。关于如何平衡课内成绩与SAT之类的准备时间，我的建议是：课内成绩更重要！国外一年的GPA比国内几年的都有说服力。美国大学更相信美国学校的成绩，在美国高中能拿到好成绩，说明这个学生适应美国教育。在中国成绩好，但第一人家不信你的成绩，可能会认为你作假；第二也不能说明你适应人家的教育啊。SAT的书可以带着看，回国还有几个月的时间冲一冲。

关于住家，我的建议是：对于接待家庭，做好心理准备，就算住家不好也是一次磨炼。要理性选择是否更换住家，如果要换就早点换，不要犹豫。如果选择自己吃点苦，就要学会调整自己的情绪，避免与住家产生矛

洪子欣与学校的老师同学们

盾。除了住家，我们平时相处最多的就是学校里的同学了。学校里若有中国同学，则有利有弊，有的话可以帮助了解适应学校生活，但过多与中国人相处英语将完全无法提高。与外国人在一起第一提高语言，第二是学会如何与美国人相处。我在学校里还算挺受欢迎，因为他们很佩服我的理科学习能力，也有不少朋友，但真正交心的好友我暂时没找到，等到更加融入这个社会之后我想会交到更多朋友的。另外，不要期望美国人对你多么热情。总之，我的建议就是：不要吝啬自己的能力，尽一份力去帮助他们，美国人还是懂得感恩的，他们也会对你比较好，在你有困难的时候他们自然也会帮你一把。

最后再给几个生活细节上的建议，很多人会忽略掉，但我觉得这是最重要的。

1.平时不要滥花钱，不擅长理财的同学可以每月做一个预算，对今后生活会有帮助。

2.吃的东西最好不要浪费，不要像有些中国人一样买一堆，浪费一堆，美国人是很讲究不浪费食物的。

3.平时生活习惯不好的最好养成好习惯，否则住家会讨厌你的，如果住家向你提出来希望你改变不良生活习惯，最好立刻道歉并改正，否则很影响与住家之间的关系，也会让人家看不起你。

4.学习上领先于美国学生很正常，千万不要骄傲狂妄觉得自己很了不起，尽自己一份力去帮助他们，换来的不仅是他们对你精进语言的帮助，更是与你的友谊和对你的尊敬。

5.平时行为习惯，比如说话要大方，尽量不要嗯嗯啊啊，宁可停顿也不要结巴，控制音量，尤其不要吵吵嚷嚷（这点非常重要），我个人非常讨厌大吵大嚷的中国人，他们的行为非常影响中国人的形象。走路时不要驼背。

6.问别人问题，找别人帮忙的时候千万不要拐弯抹角，有话就直说，只要有礼貌，别人不会生气的。反倒是你拐弯抹角讲了半天人家听不懂，会让别人对你反感。只要你向他们寻求帮助，美国人还是很乐于助人的。多说谢谢和对不起，礼貌很重要！

7.犯了错误没关系，就算是大错。只要诚恳道歉，美国人心还是很软的，你会被原谅，但如果态度不好，那你真的会很惨。

穿着得体，举止文雅。这些都代表了中国人的形象。之所以有外国人瞧不起中国人，就是因为有少部分素质低的中国人给了他们扭曲的印象。我非常希望能通过我们高素质的新一代年轻人改变外国人眼中的中国人形象。

中国心驿动世界风

= 王秦天

　　我或许还没什么资格把这句话拿出来告诫别人，因为我不知道自己做的有多好。但不管怎么样，不要忘记自己是中国人，不要忘记自己来自一个有千年文明并坚持和平、倡导和谐的国度。我很骄傲我受过中国的教育，使我学习和懂得了更多；我很骄傲中国有如此多元的文化，能如一条龙一样屹立于世界；我很骄傲中国人的血性中继承了祖先对和谐的追求，而不是野蛮与自私；我很骄傲中国文明中存在着善良与勤勉的品质，这使能继承这种品质的人能受到别人尊敬。

　　请不要再说中国不自由、不民主，人类的性情有"只愿意获得自由，而不愿承担所有后果"的倾向，在人这么多的国家实行太自由的政策结果会怎么样。或许中国政府的政策有问题，但不能简单否定自己或是完全肯定别人。不要忘了是因为什么我们才有了今天。况且百分之百的自由是没有的，在美国玩了几天的人当然感觉不到，自由之中是不是也会有束缚。

请不要一味地接受美国人的生活方式而放弃自己固有的价值观念，不然就变成了半个美国人。就像我在这边大学的聚会上看到的一些中国人一样，支支吾吾地说着中文，中间还夹杂了英语，赞扬着美国，觉得逃离中国多好。他们，其实让我觉得很陌生。

请常常向别人展示中国的文化，因为中国的文化有太多的值得向人提及的地方。被问到一些关于中国的"傻"问题也不要尴尬，果断地告诉他们自己的想法。有就是有，没有就是没有；全球化的今天就应该敞开所有优缺点。同时也请积极学习其他国家的历史与文化，因为没有交流，文化便成了死水，而且这也是我们来此的目的。

星星点点说交流

＝ 张昊威［2012~2013届交流生］

2012年8月25号，我登上飞往美国的飞机。之前对于美国的一些期待和幻想大多在15小时以上的长途旅行中消磨完了，所幸的是那么长时间的飞行偏偏让我遇到了个和我同样出国上学的中国女孩，然后我们就聊了半天，总算是熬过了那么长的飞行时间。

住　家

用俩字儿来形容住家：坑爹。还没到美国的时候，接到通知说住家是一对老人，心里对美国的期待突然就感觉给一盆水浇灭了。"住妈"曾经在我即将要上的高中里当校长，当了二十几年，接待交流生的经验也非常丰富。老爸就安慰我说，人家以前是校长，还接待过交流生，肯定是对如何和交流生相处很有经验的。然而事实证明，亲爱的老爸说的正好相反。到了住家，"住妈"先给我看了下我的"卧室"，所谓"卧室"，不过就是她们家的阁楼，在屋子的最顶层。我顺着楼梯登了上去，出现在我面前的是一扇小门，我弓着身子推开那扇门，终于看见了我之后10个月都要与之相伴的"卧室"。因为住家另外又接待了一个韩国交流生，所以我和他要睡在一个卧室里，当然，幸好是两张床。仔细观察了下卧室，发现没有阳光，没有灯光（我后来还是自己买的台灯），睡在床上，伸下手就能摸到天花板。当时我就感觉要泪奔了，怎么摊上个这么悲催的事啊，没办法，当时心里想的也就是，先这样过下去吧。

在住家待久了就发现"住妈"实在是个很喜欢下命令的人，估计是因为当了那么些年的校长，总喜欢指示我和韩国同学去做事，有时候的态度着实弄得我俩心里很不舒服，但没办法，人在屋檐下，不得不低头。当然了，偶有矛盾激化的时候，我就会跟父母吐槽说要换住家，但是考虑到各种不方便因素，最终还是搁浅了。此外，"住妈"还是一个比较阴郁的人，她的各种情绪变化之快让你防不胜防，就算你没惹她，有的时候她也会莫须有地朝你发脾气。记得有一次，因为"住妈"在一个地方买汉堡，结果多等了一个多小时，回家时我就看见她脸都黑了，典型的火药桶，一点就着，我当时反应不过来，就听见她在那里说什么"fucking cheeseburger"。好汉不吃眼前亏，我当时吃完晚饭就闪了，果然，到了第二天，她的心情也就自然平复了。

张昊威的韩国室友与宠物

嗯，该说说"住爸"了，为什么说住家坑爹呢，还有一个原因就是他。"住爸"是一个残疾人。倒不是说我不尊重残疾人，只是如果住家只是一对老夫妻，没有子女在家陪伴，老爷爷还是残疾的话，即便再有爱心，也不应该接待交流生吧。"住爸"坐在轮椅上，很少说话，每天吃完晚饭快六点半的时候就闹着睡觉去，"住妈"就把他放到床上，然后到客厅来看电视。我呢，自然就回我的阁楼上去，或者陪着"住妈"看会儿节目。总的来说，一开始或许不适应这个住家生活，但是当你需要在这里住六个多月的话，你想不融入也不行了。

当然了，我的住家也很给力，经常带我出去吃饭，中国餐馆也经常去，看比赛或者演出都是"住妈"掏钱，这点我很感谢。

朋　友

一个人单枪匹马跑到大洋彼岸去当交换生，如果在当地学校没有朋友的话，日子将会多么孤独啊，这就是为什么我自从到了美国学校后，就开始前后左右地闲聊。因为没有固定的教室，每节课旁边的同学都不一样，如果自己不主动交朋友，而是等着人家过来找你聊天的话，那么你很难交到多少朋友。我们这个学校就我一个中国人，亚洲人都很少，所以我也是比较突出的，自然同学们都比较乐于和一个来自陌生国度的交换生讲话。刚开始的两个月，每天以平均两个新朋友的趋势增加，到了后来，旁边的人都是熟人，交朋友的心态自然也就淡了下来。但是我的性格也就在这种和别人的主动交流中越来越外向了。最开始的三个月因为口语不过关，有的时候人家说话我听不懂，或者说我表达不清楚，导致交流有的时候受到阻碍，但这些问题在逐渐适应了当地学校生活后都烟消云散了，现在我起码可以在餐桌上和同学侃大山了。和好朋友聊天是一件十分令人欣喜的事情，所以我感觉在美国上学，至少是在高中吧，大家不要太闷骚，不然按照美国学校的跑班制度可是很难交到朋友的。

学　校

学校这两个字涵盖了很多——同学、老师、活动、考试之类的会充斥你的双眼。同学之前已经侃过了，大都是不太喜欢学习，喜欢去派对，窝在家里打xBox360或者PS3游戏机的，抑或是拿到一个B就喜滋滋的，不过对于每个人，要求是不一样的，对人家这是幸福，对我们来说就成了失败了。

老师都是很友善的，我从来没看到过一个发脾气的老师，有些老师和我关系比较铁，可以随便和他们开玩笑。

学校里的活动很多，这点不用多说。先说一下体育吧，足球、篮球、排球这些运动还是比较流行的。橄榄球高中球季大概是在11月份左右，当时和韩国同学一起去看我们学校的橄榄球队，我们队在前几场比赛里输的一塌糊涂，结果我们一去看，比赛瞬间赢了，不得不感叹自己的运气好。但是说到底，我真心不是特别钟爱橄榄球，看不出里面蕴含的让美国人那么激情的因素。"超级碗"的比赛我看了，不过总感觉没有NBA总决赛那么有激情。篮球在这里是很受欢迎的，现在正好是篮球赛季，我在校篮球队选拔的时候被刷了下来，所以现在就当了个经理人，不用去训练，还能穿着篮球队的制服在学校乱逛，只需要每次去看比赛录像就行了，感觉还是很满足的。

学校的活动层出不穷，各个社团都有活动，前段时间情人节就有卖曲奇饼送人表白的活动，可惜我的"把妹"技术有待提高，而且曲奇太贵了，那么一小块一美金，我穷，没钱买。有时感觉活动真的太多了，比如马上我要做中国的presentation，这是我参加的社团的活动，在体育馆里面对着所有同学展示，略微蛋疼。总而言之，活动非常多，大家合理分配时间，上大学的话也是多参加活动，不要当宅男啊。

至于考试，我真心感觉没什么好说的，太水货了，而且还有Bonus Points（附加分）这种可以帮你超越100%的漏洞可钻，导致我每次都是Straight A的成绩，但在国内这是想都不敢想的事。

聚　会

其实我没有参加过多少聚会，和同学一般都是出去看电影，然后逛街，再找个地方吃个饭就结束了，唯一让我印象比较深刻的就是跨年夜。当时到一个女生家里开派对，然而我们一群寂寞男就看了电影，然后看视频，玩游戏，随后到市中心玩啊玩，等着十二点，最后再找个地方吃了宵夜，到了三点多，我们几个就找了个住得最近的男生家里过夜去了，这就是我的跨年派对。

大　麻

都说美国对毒品的管制不严，这的确是事实，连大麻都可以公然买。既然毒品在美国这么流行，很多人肯定很感兴趣会不会有学生吸毒，事实上就是有相当一部分学生都沾过毒品。他们不认为沾毒品是一件特别严重的事，在体育课上，有朋友邀请我去聚会，我一开始还想答应的，后来发现这哥们儿沾毒品，十有八九聚会上也有毒品，就果断放弃了。他还劝我说"大麻很爽的"。我当时就无力吐槽了，所以说上大学的话，各位同学还是要珍爱生命，远离毒品。

SAT和托福

在我的交流规划中，本来就有要把SAT和托福考完了回国的打算，到了美国虽说活动多，但是都会花一部分时间来兼顾SAT和托福，住家很给力，我跟她说要考托福，她也很欣喜的答应了。原本是打算12月考SAT I，1月考SAT II，2月份考托福，3月份再考一次SAT I的，结果悲剧突然发生了。12月1号的考试，当时虽说感觉准备不充分，但是感觉考了算了，反正就当是试水吧，当天兴冲冲地过去考试，管理人员说我没有带证件，不能考试。我当时就傻了，啥？啥证件？学生证？学生证放在家里了，护照也没带在身上，来回取一趟考试都开始了，根本来不及了，结果傻傻地站在门口，手里拿着考试入场券悲愤欲绝。好歹那次算是一个教训，1月26号的那次考试终于带了证件，成功考完了SAT。当时很激动，感觉只剩下托福了，考完就可以放松了。因为我在的城市不大，只有一个托福的考点，上半年也只有一次考试，日期为2月15日。我当天去考试，因为患感冒，喉咙难受，阅读感觉还行，听力不知为什么，平时听得那么舒服，那天却感觉在做梦。啥都没听出来，听完就忘了，幸亏口语和作文没挂太惨，不然要对不起180美金的报名费了。

父　母

　　我在美国的这半年多，父母给我的帮助是最大的，他们总能在我情绪最低落的时候开导我。刚开始和住家相处得不愉快想要换一家的时候，我和父母吐槽了半天，他们帮我耐心分析了我和住家之间矛盾的根源，告诉我该怎么和住家好好相处，我当时虽说正在气头上，听不进去，但也暂时放弃了换住家的想法，事实证明他们的看法很大程度上是正确的。到了考SAT的前两周，我的心情特别浮躁，总感觉要挂科，因为很长时间没有考过这么重要的考试了，国内的同学可以用期中、期末和月考来保持自己的备考状态，但美国学校的考试很难让我保持在一个良好的状态。当时天天做题目，结果反而做得越来越差，我悲愤欲绝，想到回国之后被各位大神"鄙视"，心里很是憋屈。幸亏老爸老妈很给力，不断地给我减压，让我以比较轻松的心态面对考试。当你一个人在外漂泊的时候，只有父母会给你无论是精神上还是物质上最大的支持，是他们让你在精神寂寞的时候有了陪伴依靠的对象。

车　祸

为什么说美国之行没白来呢，其中一部分原因就在于收获了意想不到的经历。

下面这些文字是我当时经历完人生中第一场车祸之后写下的日记：

前　传

2012年11月6日，Rapid City的天似乎和以往一样，朵朵白云如深深雕刻在檀木上的花纹一般悬在触摸不及的空中。

一天的功课结束，总是得有些课外活动的，就如我，参加了学校的Basketball Open Gym一班。悲哀地发现自己和一堆菜鸟一块儿打球，只能

"一不小心"虐他们了。打了两个小时的篮球，自然是神清气爽，于是乎就"凉快"地等Betty（我的"住妈"）来接我回家了。

<h2 style="text-align:center">正　文</h2>

等到六点十分，Betty终于出现了，当那辆白色的面包车出现时我就明白自己终于可以回家了。

刚上车跟Betty打招呼，看她笑容有些勉强，我也就没多说什么，估计她心情不太愉快吧，我自然就不想触她的霉头。忽然瞥见之前拜托Betty寄送的包裹依旧安稳地躺在车后座的右侧，我也就皱了下眉头，便不再多想了。

Betty跟我说要先去一个俱乐部练习爵士鼓，我心想估计打完得七点了吧，反正自己走之前已经把本该中午吃的三明治消灭了，也就无所谓晚饭了。不过爵士鼓的确很好玩，我承认。果然大概在七点左右，我们准备回家了。回家前Betty想去买披萨当晚饭，于是我们去披萨店买了两块披萨，我随手把它们放在我的包裹上面，披萨冷冷的。

总算是正式踏上归途了。

开了一会儿，开到了44号公路。我和往常一样与Betty聊天，主要是平时习惯了在车上侃大山，不然气氛会有些沉闷，事后回想，这个习惯真是太危险了。

"Oh Shoot！"突然听见Betty骂人，我急忙抬起头来，下意识地看向前方，我想知道发生了什么。我看见Betty在疯狂地转方向盘，隐约间我发现我们此时正在十字路口过斑马线四分之一处，前面的红绿灯好像露出鲜血般的红。

"What the Fuck！"我脑海里第一个想法，这不会就像电影中一样吧……我脑中的第二个想法还没成型，就被头上剧烈的疼痛打断了，我只记得坐在汽车后座左侧的我下意识地捂着头，倒向右边的包裹，然后，我就感觉头痛到了极致，突然脑中一片漆黑，失去了意识。

当我醒来的时候，脸上、脚上都火辣辣的疼，我急忙向前排看去，Betty倒在驾驶座右侧，安全气囊弹了出来，当时看得比较模糊，后来才发现原来眼镜在车祸中弄丢了，我急忙试着打开车门，车门明显给撞得变形了，花了点功夫总算是打开了。撞我们的车在我们左侧，车头压我们车头上，呈30度角。我下车就发现，有人在我们车边打转，问我"还好吗？"我回他说"没事"，另外还有人在电话报警。

我先是走到拐角处，大约是感觉这样有些不妥，回到了车旁边，此时Betty已经打开了车门，触目惊心的是她左脸颊都是血，嘴上带着血丝，我真心很害怕。

"Call Frank！"我连忙拿出手机拨Betty的儿子Frank的电话，我担心解释不清，就把电话给了Betty，这才知道事故的地点是在Twilight Road, Highway 44。

打完电话我问Betty怎么样，她说她不知道，但我感觉情况不会太差，于是我走到拐角处等待。原本以为自己在面对这种生死情形的时候会哭，没想到愣是半天没挤出一滴眼泪。我来回在车子和草坪之间踱步，试图平复自己的心情，今天的确是受到了极大的惊吓。

车子头部破损严重，大概是要报废了。

陆续的，消防车、警车之类的都来了，我后来一个人在草坪上哭了出来，拿出手机给父母打电话却发现拨不通，我当时都要气疯了，真的想马上回国。

乘着救护车到了医院，我被晾在了门口，Betty被送进了手术室，我发现有必要给自己检查一番，也就进去了。医生说我并无大碍，只要休息就行了。

后来看见Betty时，我都快认不出来了，左脸肿得完全不像样，眼睛都睁不开了，她和我交谈了几句也就沉默了。大约十二点，我先到地区代表家里住了一宿，但心中总有那么一根弦，绷得那么紧，那么紧。

在医院检查的时候好不容易和爸妈通了电话，原本老爸的心情还是很愉快的，因为又可以和儿子说话了，当我把车祸的事情告诉他时，老爸也傻了。我在那里念叨着"我要是以后再也见不到你们了怎么办……"老爸说他都不敢跟老妈讲，好在老妈后来打电话过来的时候没有哭，反而让我放心了。

现在回头想想，要是一不小心出事了，父母该有多伤心啊，我爱他们，我不想失去他们。

　　这就是当时我写下的日记，前后写了一个多小时，心里越想越难受。一个人在国外遇到了困难，没有人可以依靠，唯一可以给你力量的就是父母，可偏偏手机不能打到国外，心里的憋屈可想而知。

　　即便到了现在，我遭遇车祸的事情也只有父母知道，他们也不敢告诉我爷爷奶奶，怕他们担心。或许有的人会说我很怯弱，但事实的确如此，我就是这么怯懦。我怯懦是因为我不想失去父母，我怯懦是因为我不想失去亲人，我怯懦是因为我不想失去真心的朋友，我怯懦是因为我不想失去爱我的人，不想离开这个美丽的世界；我不想像别人一样装模作样，好像自己实际很坚强一样，车祸这种事情，我不想再经历了。

　　跟大家说了这么多，主要就是想跟大家分享一下自己的交流生经历，交流生也不是那么个特别享受的事。虽然有很多诱人的社会活动吸引你参加，同时你也可能会遇到很多困难，很多挫折，身上也会背负很多压力，回国之后数理化成绩也普遍跟不上国内同学，但只要我有所收获，这就够了，我无怨无悔。

坚　持

= 陈枫桥［2011~2012届交流生］

　　初三的时候我的梦想学校看起来特别遥不可及，我总是相信人生之路是自己走出来的，只要不懈努力所有的屌丝终将会逆袭。可是人生不是电影，也不是每个普通人经过努力最后都会如愿以偿。我终究没有逆袭，可是这一路走来的经历绝对是弥足珍贵的。所以请诸位学弟学妹们吸取我的经验教训，最终走进你们的梦想学校。

认真地选择自己的"女神校"

　　在我初二的时候流行过一部美剧——《绯闻女孩》。我第一次见识了美国校园的生动活泼，感觉里面的大学都闪闪发光——好吧，这就是我第一次看见我的"女神校"。非常不切实际地确定了自己的目标，这是非常不可靠的一种方式；我不排除在你离申请很远的时候，一切都有可能实现。但是同学们，一定要认清自己，如果基础太差或重度拖延症者，没有实际规划的同学们，千万不要让自己陷入这种想去好学校但是不能努力的困境中。认真地对比自己的兴趣爱好及自身情况，然后认定自己的目标。

交流是件有风险的事情

当你升入高一，你会发现你面前的机会是满满的。首先就是选择交流还是待在国内的问题。如果你是"纯24K学霸"，那么请跳过这段，因为我的建议是学霸是绝对绝对不需要交流的；如果你是想刷分逆袭，也请跳过；如果你是文艺青年想寻找人生意义，那会是个不错的选择。我选择交流的原因很多，最主要的是我希望人生经历更丰富。我想等我大学的时候，回忆高二生活，不仅仅只有枯燥的小高考，令人痛恨的物理以及在家一人复习的寂寞。我记得当年去交流的学姐告诉我，"人生不在于你今天背了三百个单词还是做了几套题目，人生的本来意义在于经历。"我感触非常深刻，觉得比起待在国内一成不变的高中，还是去交流，去切身感受这个以后可能要待上七八年的国家对我来说才是真正有意义的。现在回想我的交流生活，有后悔伤心，但更多的是美好的回忆和宝贵的人生经历。

交流，你最大的牺牲当然是学习了，学霸的兴趣点在于学习，在国外可能就没有这么多国内的学习机会了。交流生权衡的永远是学术和EC（Extracurriculum，即课外活动）还有在美国的生活。当你的运气不好，你会去一个落后的地区，破旧的学校，冷漠的住宿家庭，悲剧得连SAT都考不好；但你也有可能遇上影响一生、改变你兴趣的老师或同学。交流一年，你放弃的可能还有你在国内的友谊以及和父母的相处时间，可是我觉得，高中也就那么一次，十六岁的时候去大洋彼岸看看美国，这件事情听起来就让人觉得魅力无穷。

所以，交流与否，全看自己，交流的风险你愿不愿意承受，也看你的选择了。

做个有趣的人

因为我非常想去"女神校"，所以非常努力地刷分刷EC，异常认真地写文书，我本来以为自己会成为励志传奇，被学弟学妹们传颂成逆袭之神，可是我收到了十封以上的拒信。这即便称不上撕心裂肺的痛，也不能不说是人生挫折。

还算上拿出手的标准化成绩以及还可以的EC不过是等同于There is nothing special about you（你并没什么特别）。本人SAT2200+，托福也有110+，会小提琴，有三年的自闭症儿童义工经验，美国学校报纸编辑，电视台实习记者，可那又如何？

在美国上学的时候，一个朋友和他女朋友分手的原因很简单：You are pretty and smart but I wish I could see something more special in you.（你很完美但是你不让人感兴趣。这就是我的致命的弱点）。

所以那些标准考试分数高、EC不错的同学们，你们虽然足够优秀，是好学生，是学霸，那什么才是让你出挑的地方呢？不是你们的标准化考试和GPA，不是你们的EC，而是你们本身啊。你是愤世嫉俗，还是超凡脱俗，你是一个冷血正直的姑娘，还是娇羞内敛的女孩，AO（Admission officer，即招生官）想知道你是什么人，而不是你做了什么事。你逆天的高分还是让人咋舌的EC都比不上你告诉AO你是个有趣的人重要。千万在文书里面体现这一点。好好思考一下你本身最有趣的地方。我很后悔在和中介的争执中，我没有坚持，所以请以后同学们申请要避免这个误区。

不要费尽心机

在之前一直认为顺其自然是人生赢家的选择，只有Try hard才是本人这种平民逆袭的方式。林语堂在《老子的智慧》里面写道："顺其自然是老子的道，是人间之道。假如失误仅随物的本性表露自己，那么其动时就会流水般的自然；但是一存有妄有知心，反将有所错失，以致其不超出众人之前而跟随众人之后。"我读到这段总觉得不能理解林先生的意义，今天回想才觉得是真理。只有照着你的本性发展，表露你自己，在该努力的时刻努力，不要费尽心机。AO阅人无数，你的小心思早就被看穿了，别在那里动小脑筋，做你自己吧，因为只有自然才最吸引AO。

人生不是肥皂剧，没有那么多峰回路转

在我ED失败之后，我没有重新审视我的申请材料而是一味埋怨运气。我觉得我的一切都很好，只运气差。我总是期待到最后，上帝把最好的留到最后。可这是现实生活，你不争取就没有转机，你不向前看过去也没办法改变。你的生活要自己定，从来不会有贵人相助或者免费的午餐。也许申请有运气的成分，可失败的原因多是在你自己，永远先检查自己的材料再抱怨运气。

我这个血淋淋的经验告诉大家，学术诚可贵，经历价更高。若为梦想故，二者皆可抛。最后是我对于SAT以及托福的准备时间表仅供参考：

11月份　　在美国参加第一次SAT I考试

3月份　　第二次（保证有2000+）

5月份　　参加SAT II的考试还有一个月可准备美国历史等

8月份　　参加托福考试

10月份　　SAT I

11月份　　托福考试

12月份　　SAT I

以"小"见"大"
——从常用口语看美国

= 丁宁骅[2010～2011届交流生]

以下的词请大家务必掌握，在美国生活时，它们的作用非同小可！

1. Excuse me

这个短语每个中国小学生都会吧！可你是否真的有运用它的习惯呢？仅从中文来说，本人自己就很少使用或很少听到"打扰一下"这样的表达。再者，就我看来"Excuse me"的意思远不止"打扰一下"。它完全覆盖了我们理解的"sorry"之类的表达。比如我第一天在飞机场，后面人撞到我了，立即"Excuse me"。有同学挡道了，一般也用"Excuse me"来示意。那你该怎么回答呢？若错在对方："Oh, it's all right"；错在自己："My bad"。

2. 打招呼请用：Hi+对方的姓名

记住对方名字，并能时常提及，看似简单，但对于留学生还是值得

美国花车游行

一提的。同学们对你打招呼都是加上名字的，这是重视你的表现。当然，我一开始都以hi回应，慢慢地有意识多叫一叫名字，省得待了半天人家还以为你不认识他们。熟悉一点的，我一旦遇到，会用"What up"（省略's)以及"How you doing"加上对方的名字。

3. Go party/ Hit the head

这个没来美国还真不知道。其实就是上厕所的委婉语，相当于中文的委婉语"唱歌"。"Hit the head"来源于美国军人，像"住爸"这种老兵常用。常规点的话，就直接"Go to the bathroom/Go to the restroom"即可。Toliet是马桶，一般在家可以用。WC？这个就算了吧。或者不文雅点，说"Go pee"也是可以的。

4. Passport

通常说的是大家的护照。但在学校里也可能会有passport，是一本类似于学生手册、记作业本与全年日历相结合的小册子。如果你有事需要离开教室一下，是需要老师在上面签名的，通行证吧。

5. See ya!

不知就是我这学校还是普遍。大家把See you用作很喜感的词，如小球掉地了：See ya，ball!谁考试悲剧了：See ya，XXX！你这么用别人应该还是挺喜欢的吧。

6. Cash back?

估计很多人听过一个相关的笑话。超市常用，买点小的scandal杂志之类的东西，结账之余顺便提点现金不交手续费。其实吧，如果在美国开的户，都会发支票夹，支票在美国百姓中也是很平常的支付方式，最好学一下相关知识。

7. Yes, ma'am.

"Yes，ma'am."按照平时我们学的英语，对于问题只要回答Yes或No即可，但是这种方式回答年长者或陌生人在美国或者至少美国南部是没有礼貌的。如果说话对方是女性，则应该回答："Yes/No，ma'am."如果是男性，则是："Yes/No，sir."这种方式不仅表现了对对方的尊敬，也体现了自己的教养。在超市、银行、学校，甚至家里，"ma'am/sir"无所不在。当你对别人用了尊称或者别人对你用了尊称的时候，你能感受到一种自豪的愉悦。

Chapter 2

熟悉又陌生的校园

选课这件小事

= 许弘臻[2012～2013届交流生]

　　初到美国，就要面临选课的问题。我的学校是选课制的，从早到晚所有的课程都由学生自己选，学生因此愿意在自己感兴趣的课程上付出更多的努力。选课时我考虑了很多，高二一学年下来也学了不少东西，以下的经验就和大家分享一下。

换课的实用性

　　我的学校一学年分成三个Trimester（学期），每个Trimester之前必须找Counselor（学术顾问）选好课，除了最后一个Trimester不能改课之外，其他两个Trimester开学两个月内都是能随时更改课程的。比如说我第二个Trimester本来选了Photography（摄影），上了两节课后觉得不合适就去找学校的Counselor换成了Piano & Electric Keyboard（钢琴与电子琴）。当然拖太久去改也不行，如果一节课上了超过一个月再想改的话，原来选的课程的成绩也会留在成绩单上，所以不要指望通过频繁换课来提高GPA。

简单课程刷GPA的可行性

我知道很多人到美国就有刷GPA的打算，毕竟和中国的教育模式相比，在美国确实更加容易拿到好成绩。然而，要刷GPA不代表就要全选最简单的课程。这样做的后果就是整整一年学不到什么东西，而且还会使人懈怠。我第二个Trimester曾经选过很简单的Integrated Physics & Chemistry（综合物理化学），Counselor老师看到我上个Trimester选的AP Calculus（AP微积分）拿了A+，意味深长地瞟了我一眼就强制让我换成其他的课程，所以通过选简单的课来刷GPA是不靠谱的。虽然美国的课程进度比较慢，但是上课要认真听讲，作业也要按时交。此外，美国的课堂更加注重演讲和表达的能力，常见的课堂任务有做演讲、拍视频和一些社会实践活动，拿到最好分数的学生往往是能说会合作的Outgoing student（外向型学生）。

交流生档案：
姓名：许弘臻
学校：Lakeland High School，公立，印第安纳州
住家成员：住爸（司机），住妈（护士），住家弟弟，3个，分别为16岁、11岁、3岁

感　　言：
流年似水，青春应该挥霍在值得挥霍的地方。必须学会自立，在异国他乡，对自己是一种锻炼，更是一种挑战。要有一颗包容文化差异的心。

AP课程的利与弊

对于想要申请美国大学的同学们，考几门AP（Advanced Placement，即大学预修课程）考试一定是有帮助的。具体考几门因人而异，我的学校没有AP Physics，所以我只选了两门——AP Chemistry 和 AP Calculus。我认识的交流生中也有人报名了八门AP考试的学霸，最后还考的都不错。在学校选择AP课程是对GPA有加分的，所以很多人的GPA超出了满分4分。然而，AP课程的课业负担比一般课程大，熬夜写作业是家常便饭，而且比一般课程难。说它难，主要是题目读不懂，前几次随堂测验很难考高分。与中国的课程相比，美国的数理化涉及的范围浅而广，只要适应了全英文的教学环境，这点难度不算什么。我认为，AP课程对准备SAT Ⅱ数理化生的同学们是有帮助的，但是相对的，准备AP考试也会占用一些准备SAT的时间。尽管有利有弊，如果是"有野心"的学生，相信一定不会错过的吧。

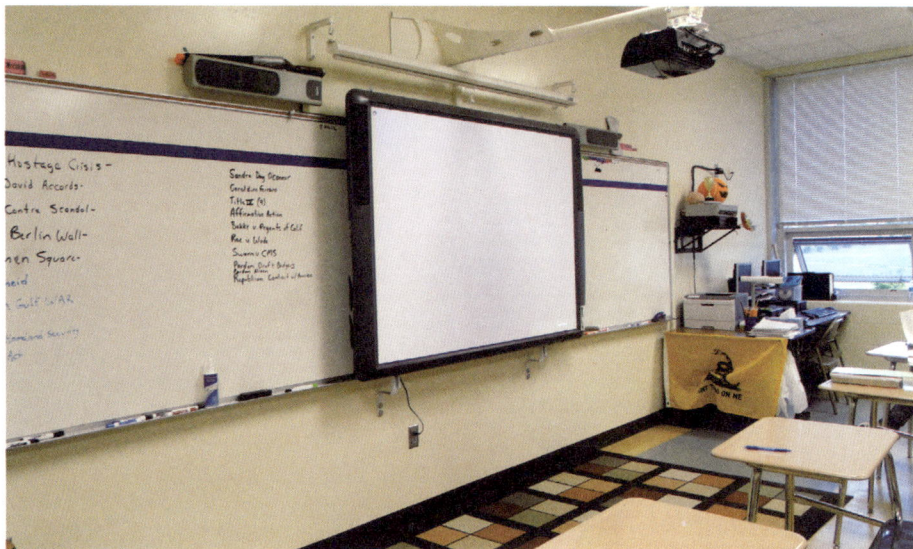

美国高中教室

课程搭配的合理性

　　课程搭配很重要，一张优秀的选课单不仅要有高难度的学术课程，也要适当地排上一两节体育或者音乐课放松放松自己。不合理的课程搭配会带来很多严重的后果，比如作业多得写不完，或者放学后闲得蛋疼。很多人选课时只考虑兴趣爱好或者这门课有没有用，忽略了自己的时间和精力都是有限的。作为一个学习狂人，我就因为选了太多高难度的课，抽不出时间来复习SAT I，还因为放学后学习的时间过长和住家关系有点僵。总之，选课要根据个人的能力，以下是我的选课单仅供参考：

Trimester 1

AP Chemistry A

AP Calculus A

Business, Management and Finance

Humanities

Physical Education II

Trimester 2

Piano & Electric Keyboard

AP Chemistry B

AP Calculus B

English 12 A

Introduction to Engineering Design

Trimester 3

AP Calculus C

Physics B

English 12 B

US History & Government

美国高中选课攻略

= 田　宇 [2010～2011届交流生]

　　当同学们到美国后，熟悉熟悉家庭环境，很快就要去上学啦！这样就会遇到一个大大的问题——选课！选课可是影响同学们一年的事儿，可得想好，在这儿，我就把我从多方搜集到的一些资料整理一下，给同学们一些参考。

　　选课可因同学们交流的目的以及所去学校的不同因人而异。首先是交流的目的，大致分两种，一种是学习类，一种放松类，这两种我都见过，选的课差异也颇大。大多数的同学应该是前者，那么应该是以后想去美国念大学的。众所周知，GPA对申请美国大学很重要，而11年级更是重中之重，所以同学们应该选一些容易拿高分的课程，保证GPA。在力所能及的情况下选一些AP课程，提高竞争力。当然，有的同学认为AP课程越多越好，也不尽然。就我所知，往年有同学也就考三门AP，照样被普林斯顿录取，而考了九门AP（两年考的）的一个孩子却并没有被最顶尖的大学录取，因为他的GPA不是很高。由此看来，GPA远比AP课程的数量重要，同学们在选课的时候一定要根据自己的实际情况来决定。而如果你去美国交流的目的只是去感受美国文化，那么AP课程也不是必然，可以有选择地多修一些戏剧、艺术、木工之类有趣的美国高中专属课程，好好体验一下美国高中生的轻松生活。另外我想说的是，一般的同学到了学校以后都会和counselor见面，他会在选课方面对你进行指导，而一般在开课一周后，如果遇到任何问题，是允许找counselor商量换课的。

由于课堂的不停变换，美国的课堂是结识朋友的好地方。你这一年的好朋友很可能就是某一堂课上你的前座。由此再说一点关于为什么要选AP课程的原因。我们都知道美国高中生有充分的自由，由此造成其中的一些学生安于现状，并不上进；而选择AP课程的美国高中生一般是对自己有要求，想上进的学生，并很有可能是各个领域的佼佼者，如社团学生会成员等。相信大家都想与这些优秀的学生做朋友，那么AP课程就是很好的机会。这些就是美国课堂的两极分化，在普通和Honors的课堂上经常看到学生不认真、闲聊打岔，但在AP课程中大家一般都很认真地听课、记笔记、问问题。所以课堂也是很好的交友之处。

再来说说由于不同高中造成的差异性。我在的高中是一所基督教私立高中，不提供AP课程（这让我很是郁闷），宗教是必修！必修哦！不同的学校提供的课程差别是很大的，对同学们的要求也是不同的。如果你在一所较大的公立高中，恭喜你，你的选课范围一般都很大，几乎是要什么有什么，俱乐部社团也是不容错过！在国内没时间、没机会的一定要借机过过瘾啊！像我在这儿，就参加了很多运动社团，排球、篮球、网球、射箭，虽然你的身体素质和运动资质可能并不过硬，不过重在参与才是硬道理。当然为了以后申请大学的便利，根据个人情况可以参加参加一些学科竞赛，是可以的，只是学校不一定提供，所以还是学校选择最重要。如果你和我一样不走运，在一所要什么没什么的私立高中，也不要气馁，因为这种高中的机会虽不如公立高中多，但其实你得到机会的概率会更高，在这里你会得到更多personal attention（个人关怀）。并且学校的俱乐部的入社条件也不会那么高（公立高中的社团有的是会有入社条件的），你想体验什么就不要犹豫地上吧。

当然以上的内容可能存在不足之处，也是比较具有一般普遍性的选课攻略，而大家选课都因人、因校而异，得注意个体的情况。希望以上的一些建议能给同学们带来帮助，并希望大家都能选到理想、适合自己的课程！

体验美国高中课程

= 徐企扬[2012～2013届交流生]

我在美国交流的学校是密苏里州的一所私立基督教高中Summit Christian Academy（SCA）。虽然学校规模很小，从幼儿园到高中仅有600多人，但是各式各样的活动（homecoming, courtwarming, prom, spirit week, eagle egg 5k, service day, senior missions trip, super duper breakfast...）和丰富多彩的课程充实着我在美国的每一天。关于"课程"这个话题，我们学校有两点十分奇葩。

一是我们学校提供大学课程，也叫Dual credit course。在我交流之前，我唯一听过的高级课程只有AP。当我知道SCA没有AP只有Dual credit course的时候，我很怀疑这是个什么样的课。问遍很多之前的交流生，所有人都表示没有听过这种课。去学校报到的第一天，counselor费尽心思地跟我解释dual credit course是怎样的有用怎样的高级。（其实我

交流生档案：
姓名：徐企扬
学校:Summit Christian Academy，私立，密苏里州
住家成员：住爸（珠宝商），住妈（裁缝），住家姐姐（大学2年级），住家哥哥（大学毕业），住家弟弟（小学2年级），住家嫂嫂（大学毕业）

感　言：
在美国的一年高中生活丰富了我的视野，增长了我的见识。第一次学习打篮球，第一次尝试戏剧，第一次参加舞会，第一次当中文老师，第一次组织国际生节日，第一次过真正意义上的万圣节、感恩节、圣诞节……交流经历让我结交了一群可爱的美国人，让我认识了另一种价值观，更让我学会了感恩他人感恩生活。

到现在都没有觉得它很高级）dual credit course 就是在高中的课堂上上大学的课程。我们学校位于密苏里州的堪萨斯城，所以这个课程是由密苏里州大学堪萨斯分校提供的，而我上了相应的课程，在这个大学也积有学分，以后读大学的时候是可以转学分的（当然，很多牛逼的大学是会不接受这样的学分转换的）。

二是我们学校要求每人准备一个iPad，方便课堂上做练习和查资料，同时也通过iPad交作业。当然，只要进入学校，iPad上的各种照相功能、游戏和包括Facebook、YouTube在内的网站都会被锁掉。所以，虽然天天抱着个iPad上学，但也只能用来学习。

美国高中提供的课程基本上是数学、英语、外语、科学和社会科学这几类，我的高中也不例外。当然，作为一所以基督教为教育核心的学校，圣经课也是必不可少的。

圣经课分有好几个级别，对于我这种对圣经一无所知的人肯定是从

Bible 1（《圣经》1）开始学起的。Bible 1从上帝创造了世界开始讲起，基本上这堂课只要求了解圣经里的各种奇葩故事和每一章节的大概内容和含义。内容相对比较浅，所以Bible 1的考试很简单，只要肯花时间把老师给的讲义全部背掉，就一定没有问题。不过，每次考试的讲义大概是密密麻麻的十几页纸，还是要花很多时间的。

然后我再来讲讲作为这个高中里的国际学生的特殊要求。

EAP（English for Academic Purpose）：学校要求所有以英语为第二语言的国际学生必须上EAP。我当时被要求上这门课的时候，表现出了极其的不满。因为我认为我的课都被浪费掉了，而且EAP确实也是水分很大的课，基本上也就教教一些简单的idioms，然后自习做作业。课上到后来我们同学一起提意见，于是老师又在EAP上教托福。

中文课：当然，这个课堂上我不是学生，我算学校的Chinese Language cadet teacher。这是一门所有中国人都必须上的课。我们当时中文课上有6个中国交换生，6个美国学生，和一个来自香港普通话讲得极其别扭的中文老师。中文课可谓是一对一辅导，小班化教学啊！虽然这堂课对于我们中国人显然很轻松，但这堂课也为我们带来了很多温暖。远赴重洋的我们，一起在课上度过了中秋节、春节、元宵节甚至提前过了端午节，一起包饺子、吃粽子，做中国的食物，一起学写毛笔字、写对联等等。

最后我再来讲一下其他比较正常的课程。

数学：我选的是College calculus1（微积分），这是一门Dual credit

课程，也是我们学校最难的一门数学课程（当时只有五个人在微积分课堂上，其中四个还是中国人）。它的内容涉及函数、极限、导数、积分等。虽然我在国内基本上没有接触过这些数学知识，但总体来说这门课还是不难的。不难的原因有二，我不得不吐槽一番。首先这位数学老师的水平实在不敢恭维，我们四个中国人上课经常帮老师挑错，有一次老师布置的作业中有一道题目大家都不会写，于是去问老师，老师做了半天也没做出来，最后只好宣布这道题不算作业内容。其次，正是因为我们所有的Quiz和Test都是这位老师出的题目，所以考试的内容基本上不是书上的原题就是一些非常基础（只要简单套套公式）的题目。

英文：我们学校一般九年级是English1，十年级English2（美国文学），十一年级English3（英国文学），十二年级English4或者是college English。我第一天去学校，counselor要求我选English2（理由是2讲的是美国文学，有助于我学习美国历史课程和了解美国文化，3讲的是英国文学，涉及的古英语很难理解，不好学），而我却认为counselor在鄙视我的英语能力。我觉得自己是十一年级，至少应该跟所有十一年的学生一样上English3，所以无论counselor怎么说，我还是毅然决然选择了3。English3的内容大概是学习单词词根词缀（每个星期背个list），英语语法（这个对中国学生都非常简单），欧洲的文学作品（包括《麦克白》、《双城记》、《皮格马利翁》、《艰难时世》、《简·爱》、《弗兰肯斯坦》等名著和莎士比亚十四行诗等诗集）和写作（这个基本上是1个学期1-2份

徐企扬在美国

paper，内容都是关于分析名著或分析诗词的修辞手法、作者情感等）。这堂课在我印象中算比较有趣的。每次读名著，老师都会找相应的电影给我们看，学习麦克白和皮格马利翁等戏剧类作品时我们也会小组合作自己模仿编写剧本。

外语：学校里只有西班牙语和中文。我算是中文课的cadet teacher。当时我们学校有一个中国人选了西班牙语，听说每天很痛苦地背好多单词，然后还有好些音很难发。

社会科学：我两个学期一共选了4门社科类的课程。分别是American history（美国历史），College Western Civilization（西方文明史），Introduction to business（商课）和Entrepreneurship（创业学）。美国历史是从南北战争一直讲到近现代美国的潮流和发展，内容都不难，而且老师特别好，特别喜欢给学生bonus point（附加分），所以经常能拿到超过100分的分数。而且每到期末考试，所有的题目都是从之前的测试中选的，所以只要好好复习之前的单元考卷，想不拿满分都难。

西方文明史就没有美国历史那么简单了。我选的西方文明史是Dual credit课，平时阅读量要求不小，内容稍深，而且很多内容涉及我不理解的宗教政治发展，比如有一章专门讲Protestantism，关于16世纪欧洲脱离罗马天主教会和基督徒形成一系列新宗派的新教运动。除了知道这些改革运动的起因、发展、结果，还要理解这个改革对于欧洲的政治经济宗教文化的影响。这门课我一开始学得很吃力，第一次考试只有六七十分，后来又花了很多时间和精力才好不容易把成绩拉到A。

商课算一门比较简单基础的课程了。学的内容很多都是一些基本常识，比如GDP、通货膨胀、通货紧缩等。基本上只要看看书，记忆一些术语，不论在课堂上还是在考试中都非常轻松。

创业学也算一门比较有趣的课程。老师要求我们每个学生假设自己开一家公司，通过一个学期的学习，最后完成一份Business plan（商业计划）。有的同学选择美容店、服装店、餐馆、银行等，而我当时选择了在中国建立一家小额贷款公司。通过一个学期的课本知识学习和自己的调查研究，最后要在全班面前为大家介绍我的这个公司（包括背景资料、产品与服务、市场分析、金融分析、受众分析、发展战略等等方面的内容）。

科学：我记得的科学课程有生物、化学、物理、解剖和环境科学。我一开始选了化学，后来当我发现老师花了一个星期就在讲密度科学记数法等我们在国内早早就学过的内容时，我又换成了解剖课。解剖一开始在讲有丝分裂、减数分裂等国内高中生物课上的知识。可是后来解剖课越来越可怕了，涉及有关骷髅的内容，于是我又换了。

总而言之，我在SCA度过了丰富而有意义的一年。学习了美国文化，体验了美国高中生活，也交到了很多朋友。有过不满也有过喜悦，有过失败也享受过成功。

我在美国的课程

= 殷玫然[2010～2011届交流生]

　　我所在的学校是一所很小的私立天主教教会学校，每个年级只有六十人左右。因此课程设置不太齐全，师资配备也不精良。如何在这样局限的环境中，充分利用学校资源？在美国选什么样的课程比较合适？每门科目讲一些什么内容？我想以亲身经历给后来的同学支支招。以下以我的课程表为例：

AP微积分AB

　　微积分非常值得一学，我学AB感觉难度恰好合适。大家在美国不能掉以轻心，虽说美国学生的数学能力普遍不及我们，但是学AP课还是要认认真真地做笔记，按时完成作业。有时间的同学在出国之前的暑假可以将高一数学的主要内容温习一遍，否则开学会发现有所遗忘。

会计学

会计学并不像我想象的那样对数学要求很高，主要是需要耐心和仔细。有条件的同学建议尝试一下这门在实际生活中有广泛应用的课程。出门在外，钱财都是自己打理，还是有一些财会知识为好，而且这门课对英文要求并不高。

宗教课程

我们学校的课程安排，是六天一个循环（A/B/C/D/E/F　Day），其中四天上宗教，两天上体育。身在教会学校，上宗教课是学校的硬性要求，原本觉得学这门课实属无奈，但是学习了一段时间后，我发现这门课其实对我大有裨益。美国毕竟是一个基督教占主导的国家，日常报纸杂志中随处可见基督教的术语、典故。宗教课上学到的知识，也增进了我对美国文化的理解。这里教给大家一个小窍门。如果像我一样之前对宗教不太了解，可以跟学校的counselor商量将课程调成低难度的。我虽然是十一年级学生，却上九年级宗教课。这样比较能理解教义，拿A也简单。

殷玫然参加高中合唱团

唱诗班

Choir也就是唱诗班。喜欢唱歌的同学当然要尝试一下。

自　习

这门课就是自习，可惜在这边自习很吵。不仅学生吵，老师也吵。只能靠大家自己努力培养抗干扰能力了！个人认为在课表中安排一节自习是很重要的。假如你像我一样，上学放学都要赶校车的话，自习课可以大大增加你的灵活性。这节课跟监管老师请假之后往往可以在校内干自己的事情，比如去找其他老师问问题。

英语 Ⅱ（一般难度）

我们学校的英语课要么是AP，要么是普通，没有Honor课程。AP英语太难了我不敢选，于是就选了普通。我的英语老师很好，上课很幽默，对学生也耐心。而且获得Extra-credit（附加分）的机会非常多。刚开始写作文肯定会很痛苦。大家不要急，练练就好了，速度和质量都会上去的。

AP美国历史

这门课是以难度巨大而著称的，同学们如果要选的话，一定要做好心理准备，阅读量和写作量都非常大。刚开始的时候我学得很郁闷，同学课堂讨论的时候叽里呱啦的，我却几乎什么都听不懂。第一次考试才得了72分之后，我有很强烈的放弃掉这门课的想法。但渐渐地我对这门课已经驾轻就熟了，有97分的均分。外国人学美国历史比美国同学要付出更多努力。但是更重要的是，不要害怕！只要勇敢坚持学下来就会逐渐摸索出正确的方法，越学越好的。

AP化学

我们学校因为太小，一大缺陷就是师资力量不足，学校里有资格教AP课的老师寥寥无几。于是没有老师教的AP科目只能在网上学。一群人被赶到图书馆里一个我们称之为cave（山洞）的小房间里，对着电脑瞎学学，除了"谷歌大神"以外没有人可以问，有些可怜。在有限的条件下，我们只能自力更生了。AP化学难度蛮大的，国内高一学的知识远远涵盖不了，而且专业术语太多。美国理科的特点是广而浅，知识点繁杂、体系庞大，但考试题型比较固定，把例题研究透彻就差不多了，不会有很多恶心的变型，这点比国内好太多了。

　　总的来说，美国的高中教育强调让各人有自己的发展空间，选课的自由度全由自己掌握。建议大家数学课和英语课是一定要上的，这是基础课程（将来考SAT/ACT也用得着），此外就听从自己兴趣好了。美国学习可能不像大家想象的那样轻松。尤其是在私立学校，作业多，老师打分也严。大家掌握一些合理的策略哈，不要让自己被作业淹没了，have fun（尽情享受）！

选　课

= 杨楚璇[2012～2013届交流生]

　　刚到美国不久就会面临选课的问题。如果把交流年比喻成一首欢快的舞曲，那选课就会决定这支舞曲的节奏欢快与否，因此，对节奏把握的重要性不言而喻。公立学校和私立学校对交流生年级的分配不同，规定需要选择的课程也不同，所以选课的经历对于每个人来说独一无二。我所在的公立学校2010年才迎来第一届毕业生，却是北卡州夏洛特地区的重点高中，所以在教学设备新颖齐全且师资质量较高的情况下，可选的课自然就比较多。

AP课程

　　一般来说，大家比较关心的AP课程只有十一年级以上的同学才可以选，当然也不排除个别极为牛气的私立名校从九年级就开始培养出色的AP

交流生档案:
姓名: 杨楚璇
学校: William Amos Hough High School, 北卡罗来纳州
住家成员: 住爸（失业）, 住妈（小学老师）, 住家小妹（9岁, 领养自中国贵州遵义）

感　言:
这次交流经历带给了我人生最大的转折和考验, 我至今都对自己在这一年内的表现感到震惊, 自理生活的细心, 遇到困难的冷静, 面对抉择的果断, 仿佛一夜之间成长许多。自主选择学校课程, 与住家沟通解决矛盾, 在美国校园建立自己的交流圈, 尽管我也抱怨过路途的曲折, 但现在, 我充满了怀念。

学生的例外。所以, 大家只要被分在十一或十二年级, 可选的AP课程的种类就非常多。公立学校几乎每一门AP课都会配备老师, 而处在偏远地区的私校则极有可能因师资不足或没有足够的学生愿意学而不提供课程辅导。对于中国学生而言, 我个人认为AP的部分理科, 包括微积分、物理、化学, 甚至生物都值得一学。美国的理科课堂氛围非常活跃, 老师梳理知识点的时候速度慢且非常细致, 一开始大家都会有词汇问题, 但基础词汇掌握了以后, 听课真的会很轻松（美国人待人都很亲切, 所以有什么问题一定要下课或放学留下来问）。我当时以为大学课程级别的物化生会很难, 保险起见只选了微积分, 现在想起来还很后悔, 所以大家一定要勇敢地去选, 相信老师, 更要相信自己。关于AP的文科, 我的学校要求交流生选一门历史课, 当时我自己在Honors和AP美国历史之间徘徊了半天, 想挑战自己却又怕AP是条不归路（事实证明它真的是）, "住妈"看我实在太纠结就说:"你放心选AP, 你爸（住爸）知道好多美国历史, 有不会的就问

他！"后来"住爸"提供的帮助很有限，正所谓靠人不如靠己，但这门奇葩的课却在我这么多年的学生史上画下了浓墨重彩的一笔。

　　说它奇葩，是因为我亲爱的历史老师教书风格实在个性十足，但对学生的负责程度也疯狂到令人感动；说它浓墨重彩，是因为我的成绩单从第一次考试一个极其讽刺的D，到经历了一年的自我抗争后，蜕变成了令人满意的成绩。很多人认为AP选文科纯粹浪费时间，每天几十页的阅读和每两周一篇的大作文会让自己几乎没有闲暇管其他事，而且还有可能投入和产出不成比例，不如把时间多多放在准备SAT上。经历了最难AP课的打磨和锻炼，我想告诉大家：人都喜欢去做简单的事，但是害怕困难的人一辈子只能做简单的事，因为他不敢尝试。这就像你想要攀到高处看风景，就不能坐缆车，因为缆车的高度永远有限啊。

Honors课程

　　相对于AP课程来说，难度系数降低很多的Honors课程很受美国学生欢迎，因为可以不用太累就拿到较好看的学分。在国内理科较弱的同学可以考虑选Honors化学或物理这样的课程，因为它们不但非常容易学好，而且掌握好一些学科词汇以后对SAT II的学习也有帮助。Honors英语在我的学校是交流生必修课，这门课涉及的阅读量比较多，也会学习一些英语文学中的修辞手法和欣赏很多名师的佳作，同学们可以通过此途径提高自

己阅读和写作的能力，另外多认识一些大家的作品对提高自己的文学素养
或是将来考SAT都有好处。当然，Honors远远不止是这些，大家在选的时
候以遵从自己的兴趣爱好为主，多考虑考虑学术型的科目，因为Honors是
可以轻轻松松拿A的。

Regular课程

Regular课程是同学们体验美国高中生活的大好时机！从摄影、电影
到绘画、手工再到声乐、钢琴，Regular课程绝对是你学习技能的最佳选
择。建议大家选Regular课程完全按照性子来，喜欢什么选什么，这样在
忙碌的一天中有轻松的课来调节，这一天也就没有那么累了。我个人强烈
推荐戏剧课，这门课非常有助于大家培养积极且活泼的性格，也是一个很
好向老师和同学展示自己的平台，如果碰到校音乐剧是自己的老师做负责
人，还有机会串个角儿表演一下或是在后台帮帮忙什么的。久负盛名的美
国百老汇音乐剧其实也不过体现了美国人热情、奔放，敢于表现自己、表
现音乐的特点，通过一年对戏剧的学习我已经能从心里体会美国人的这些
特点。我现在已经非常爱听音乐剧了，因为据说全美最有才的编曲家都在
百老汇编音乐剧。总而言之，Regular课程是一个探索发现的过程，可以
帮助大家更准确地定位美国人以及自己的业余爱好，还有就是，Regular
课程真的是闭着眼拿A啊。

杨楚璇与美国同学

　　选课和交友有着非常大的关联。Regular课上不排除有好学生，但大多数人无所事事，只是为了上学而上学。相比较之下，Honors课上的学生对自己的要求都高了许多，课堂也明显比Regular课堂安静。当然，AP课上的美国人可以直接和你们学校最聪明的美国人画等号，因为愿意选AP的美国人知道自己要付出很多努力，他们往往对自己的未来有较高的目标。我和我最好的朋友都是在Honors和AP课上认识的，回来快两个月了，但感谢Snapchat这个21世纪的伟大发明，让我无时无刻地感受着来自美国的友情。不管怎么说，交流也是一次积累人脉的机会。所以，在美国这个用金钱和人脉搭建起来的社会，交友也必然是多多益善。

翻开老师这本"书"

= 周锐祥[2012～2013届交流生]

好的，我们来谈谈学生总人数一两千的公立学校老师。

既然是公立学校，学生水平有差距，老师水平也良莠不齐，但最重要的一点是，我在学校里从没遇过不热爱自己所教学科的老师，就算我AP物理老师专业水平有限，却也是一个物理的狂热分子。自己的教室里还收藏着各种奇怪的钟（倒着走的，数字颠倒的，还有几百个小数字的），还有各种物理人物的海报和各种小实验用的小东西。至于他真正的授课，只能说是心有余而力不足，光想着让学生每周都要做实验，多次实验以求实验结果，可问题是公立高中学校设备并不先进，在走廊地上滚小球可走廊的地其实是不平的，最后画出来的图理论上应该是分布在一条直线附近，可最后的点点最多只能组成一个残疾的圆……我们的物理老师就是太过理想化了，想让同学们真正感受多次实验产生科学理论的喜悦感，可是正常的

交流生档案：
姓名：周锐祥
学校：TC Roberson High School，公立，北卡罗来纳州
住家成员：住爸（医生），住妈（瑜伽教师），住妹（中学）

感　言：
每个人都是一本书，都是一种资源，老师也是这样，多与老师沟通，便能获得很多知识和感悟。美国是一个完全不同的环境，为何不敞开心怀多与他人畅谈呢？

课都没有上完，难免显得有些本末倒置。比如让大家做弹簧实验用了五个小时，而作为考试要点的谐振的题目只是十分钟。当然老师的态度是很真诚的，关于调课这方面的事我也和counselor商量了很多，最后下半学期我就去学戏剧幕后设计去了，个人认为学学怎么使用电钻、电锯总比天天抱着小球本子编数据要好。

但再怎么说在美国还是有优秀的理科老师的，比如我的微积分老师，虽然也有实验什么的，比如切柠檬学积分、做食物然后把用料的数量用微积分的式子写出来等等。但归根到底这里的数学实验还是以趣味性为目的，教学模式是分组活动，不会做的互相教，先做完的就几个人唠嗑。微积分确实没什么难度，AP考完以后老师就让大家做视频，于是就出现各种犯二的同学，某小组的男生自己写歌写Rap，既欢快又洒脱，最后一天还去玩Kickball。总而言之，微积分课欢乐爆了，真不愧是我们美丽大方又八卦犯二的数学老师啊。

当然咯，严厉的老师也有，比如我下半学期的美国历史老师。我们

物理老师的怪奇教室

这一届是学校里最后一届把美国历史当一学期的课修的学生了，明年这门课就变成两学期的课了。我们的美国历史老师是个美女，但在某种程度上是"画皮"啊——作业量很大，长得像一本百科全书样的美国历史教科书平均一两天要啃一单元，作业就是读该部分的课文然后填写工作表上的重点整理（填表，填空，或者问题），最头痛的就是有些东西让人感觉死也找不到。我一开始看历史挺头疼的，因为老是抓不到重点，但经过一个月作业量惊人的痛苦煎熬后，我习惯了，而且发现美国历史还蛮好玩的。美国人写历史比较实在，错就是错，对就是对，而且原因和影响的脉络很清晰，给人的感觉就是历史中的人是有血有肉的，有谋私利的，有为了比较极端的思想不顾一切献身的。再加上这个美女老师是真的肚子里有货，告诉我们很多那些教科书上也没有的东西，比如里根在好莱坞的时候恰逢麦卡锡主义，于是里根选了指认别人保全自己；还有他当总统的时候曾经为了恐吓苏联，模仿星球大战，传播说美帝制造出了激光枪可以射苏联的导弹，苏联也傻傻的就当真了……后来老师在我考ＳＡＴⅡ历史的时候给了我一份美国历史的提纲，帮助本人终于把成绩凑到93分以上了终于得了一个A。

再谈谈语言类的老师。我修了拉丁文课，因为中国学生都没有外语基础，所以一般都和低年级生一起学，即使是拉丁文，难度也不是很大，一般我都是满分。老师也比较照顾我，经常让我讲讲学英语语法的心得。这个老师一点架子都没有，每次布置任务会说一大堆："啊，好吧这就是你们这个周末的作业，其实不是很多，就是想让你们练个语法，所以可能会有点麻烦，我知道你们也是不想做，不过语法还是要做点练习巩固一下的，所以你们还是做一下练习吧，我要算分的哟。"这位可爱的老师上课一般都是衬衫毛线背心搭自己特别花纹的领带，特别绅士的样子。可惜发福了，如果纤细一点肯定是个帅哥。有一次模拟法庭训练取消了，我晚上又有演出，两个小时没地方待，我发现这个老师还在改作业，于是就请求老师收留我在那儿看看书什么的，结果和老师聊了很多文化的东西，比如

微积分老师在"奇装异服日"的打扮

古希腊建筑和中国安徽民居共有的天井这种奇异的巧合，还有托加长袍和袈裟的造型有点不谋而合，希腊服饰大方的褶皱和中国古代画上女子的裙摆褶皱有着极其相似典雅；还有希腊贵族少年上的私塾，大宅子的庭院设计，也许人类文化本身就是相通的吧。

每个人都是一本书，都是一种资源，老师也是这样，多与老师沟通，便能获得很多知识和感悟。美国是一个完全不同的环境，为何不敞开心怀多与他人畅谈呢？

希望每一个赴美交流的同学都能碰到好的老师并学到有用甚至改变人生的东西。

我与那群可爱的小伙伴

≡ 张泽馨 [2012~2013届交流生]

2012年暑假，我毅然踏上了去美国的交流之旅。有不舍，有期待，还有一份焦虑，我不远万里来到了美国的西海岸——华盛顿州。我的住家在离西雅图不远的埃弗里特（Everett）。那是一个美丽而又安逸的小镇，又因为临近国际大都市西雅图，所以在这里我也领略了不同国家的风情，结识了来自世界各地的朋友。文化的多元性给我带来了十分有趣的体验。在与朋友们的相处中，我受益颇丰，下面就与大家分享一下我与几个好朋友的故事吧。

刚到埃弗里特，学校还在放暑假，所以"住姐"就带着我和她的朋友一起出去玩。趁着这个机会，我交到了在这里的第一个朋友——Lisa。她是美韩混血儿，在美国出生，后来又被带回韩国。前几年跟着她的爸爸又回到了美国。所以Lisa可以说是一半的美国人了，除了和我一样的黑头发黑眼睛外，还说一口流利的韩语。她天生开朗的性格让一开始拘谨的我逐渐打开了话匣子，我们很快成了好朋友。我们在学校一起吃午饭，从上课内容聊到各地美食，再到中国和韩国的文化、文字与服饰，当然也少不了一些八卦。我们周末也经常一起去逛街。从与她的相处中，我最大的体会便是美国青少年乐观的心态和"seize the day"（活在当下）的想法。

我在篮球队当经理，球队在一月中由于主力禁赛所以屡战屡败。我心情有些低落，向Lisa说起这件事，她拍拍我的肩膀说："这太糟糕了，但没事的，这一切都会过去的。""可是这样我们连季后赛都进不了啊！我们之前为之付出的这么多努力不就白费了"，我回答。"上帝看得到你们的努力，但如果你一直都这么悲观，就算有希望，你都没有勇气和信心去争取。你是经理，必须振作起来，给队员们打气。再看看球队里的其他队员，她们也没有像你这么失望啊，她们依然还是正常训练，天天开开心心的。所以只要你像她们一样乐观，你们就一定能挺到季后赛！"Lisa的这些话给了我很大的鼓舞。我开始尝试着像她说的那样去做，比如在球队训练的时候和队员们开开玩笑活跃一下气氛，和教练们一起出鬼点子惩罚队员，比赛前和啦啦队长以及Freshman team（9年级校队）一起搞怪跳舞为队员们打气。

在我们的共同努力下，球队终于重新找到了方向，队员们也逐渐找到了曾经淋漓尽致进攻的感觉，我们出人意料地挺进了季后赛！我特地向Lisa道谢，告诉她我们居然打到季后赛的消息。她首先祝贺了我们，然后

张泽馨与教练和拉拉队长合影

又有些惊讶地说："Shirley，你为什么说'居然'呢？你们绝对有实力拿地区冠军的，为什么总是把自己想得这么糟糕呢？""可是季后赛的球队都是非常有竞争力的啊，并且规则上是一旦输了就没有机会继续了"，我依旧有些担心。Lisa又开导我说："你想的太多了，下一轮比赛是下周的事情，你现在应该高高兴兴地跟队员们庆祝，享受成功的喜悦。干嘛总是这么担忧呢，就算输了，你现在还有五天时间可以开开心心。"后来我们不负众望地拿到了区冠军，Lisa的话得到了验证。可能是我一直比较喜欢把事情看得悲观，考虑问题太多太杂，所以很多时候总是忧心忡忡。Lisa永远积极的态度的确给了我一些启发：是不是有时候乐观能够带来一种力量，去克服一切困难呢？

不久我加入了学校的International Students Organization（国际学生组织），这个俱乐部专门为了国际学生而建，旨在文化交流。我们每周都有一次会议，有时候是讨论俱乐部的发展，有时候是举办聚会扩展人脉，有时候是通过presentation介绍国家和文化。刚进ISO，最先认识的就是学校里另外两位交流生——Daniel和Amelie。Daniel来自丹麦，棕色的头发整齐地梳向后面，打招呼时总喜欢微微欠着身子。据Daniel自己说，他欠着身子是因为身高问题。他一米九的个子总是在人群中显得有些突兀。Amelie来自德国，金发碧眼，典型的欧洲女生。她有一口流利的美式口音，一开始我还以为她是土生土长的美国人。我们三个人经常在一起聊天，如果用现在流行的网络用语来说我们仨，那Amelie是普通青年，

Daniel是文艺青年，我就是"范儿"青年。比起喜欢讲笑话和聊体育的我，Daniel经常喜欢谈论欧洲的历史，比如北日耳曼民族侵略不列颠、诺曼人的征服、维京人的传奇，当然还有他引以为豪的"Danelaw"和丹麦语。此外，他还是艺术达人，在学校的乐队里担任贝斯手，他时常以"积极阳光的金属党"自居。在学校的图书馆里，还能见到Daniel的作品，和他在一起感觉整个人都特别开心、有活力。相反，Amelie在学校很低调，只喜欢和她的几个好朋友在一起。我和她一起上第二节课，感觉她特别勤奋但也过于安静。可能是因为文化上的差异吧，每次我们聊天都总是很局限，但还是有收获的。我在Amelie的努力教导下，还学会了一点德语！

在和Daniel与Amelie的相处中，我一直在思考着：到底什么才是真正的交流生生活？我很是羡慕Daniel与Amelie，他们这一年无忧无虑，充分投身到学校的各项活动中，周末开开心心地出去疯玩。而我却想着SAT、托福、GPA、AP还有未来的大学选择。有些时候这些事情真的把我搅得十分烦躁。我一直问自己为什么当交流生，是为了以后在美国上大学的跳板？是为了逃离国内繁忙的高二？是为了躲避父母的管辖？还是为了真正的文化交流？平心而论，我是为了以后在美国留学，所以注定我的交流生活不像Daniel与Amelie一样轻松，他们心灵上的宁静对我来说是奢求。也许这种焦躁是中国留学生的常态？我不得不难过地承认。我们，从小就承载着父母们的理想，勤勤恳恳学习，一心想着早日出人头地。我们真正的理想早已被现实化成虚渺的泡沫，想要握住却早已破碎。在学校里，我们

与疯狂的Tenika玩闹

想着如何拿到更高的GPA，却鲜有人去关心真正学到了什么；在社会上，我们投身于各种各样的社会活动中，却很少有人是真正发自内心；在生活中，我们总是疲于奔命，有几个人能够体会生命每一瞬间的灵动，感悟每一刻的美丽？可到最后，勤奋的你却发现你永远在更聪明的人身后，也没有体会到生活的乐趣。你说世界不公平，可路难道不是你自己选的吗？

后来我以经理的身份加入了学校的篮球队。人们常说："无兄弟，不篮球。"虽然我们是女篮，但都是一样的。篮球队就像是一个大家庭，很快我就找到了归属感。Sydney和我关系最好，她对一切充满好奇心，经常拉着我问东问西。她的问题千奇古怪，比如"中国有麦当劳和肯德基吗，中国人只用筷子吗，中国人讨厌美国吗"等等。当然，作为球队最喜欢糖果的人，Sydney一本正经地问道："Shirley，中国人吃糖吗？有没有Skittles（彩虹糖）？"这个问题一下把我给逗笑了，其他队员也都笑了。Darian一脸无语地说着："Sydney，中国又不是只有长城。"Sydney还常常一脸神秘地跟我说："Shirley，等你以后回来了，一定要给我带中国最好吃的糖果，可不能告诉其他人！"我点点头还不够，她还一直逼着我对上帝发誓。

此外，Sydney还一直致力于教我跳舞。她常常对我说："Shirley，作为经理，你怎么能不会跳舞呢？你必须得会，不行，每次训练结束后我要教你跳舞。"我以为她只是说说而已，没想到训练结束后、球队大巴上，Sydney居然真的用iPod放着音乐，亲自示范带着我跳舞。从此之后，跳舞变成了我的保留节目。Sydney的热情让我很快适应了球队的生活，也逐渐和其他队员打成了一片。Tenika和Bailey很快轮流承担起了客场比赛后送我回家的任务，她们向我介绍了许多美国的餐厅，很快也成了我欧美音乐的指路人。但在球队里对我影响最大的还是Sidney和Darian姐妹。

　　Sidney是球队的队长、球队的领袖、球队的灵魂，也是胜利的保障。在训练时，她从来不苟言笑，很安静，但也很有礼貌。她总是力求把一切做到完美。我们私下里会说Sidney"面瘫"，Amber也经常拿这件事打趣儿："如果Sidney笑了，那你们所有人必须都笑，因为这件事一定很好笑。"玩笑归玩笑，现实中Sidney一直是我们的偶像。每次训练快结束后的体能训练，每个人都筋疲力尽，但Sidney还能一直坚持着完成所有的折返跑，并且还是最快的那个；每次打完比赛，其他人经常用汉堡、披萨来犒劳自己，但Sidney却能坚持吃着她的蔬菜沙拉；每次坐球队大巴，所有人都把东西扔得到处都是，经常找不到车钥匙、水杯、衣服等等，可Sidney却能做到把东西收拾得整整齐齐。她的认真与执着，还有规划自己的能力真的让我很佩服。与她截然不同的是她的妹妹Darian。

　　她打球很有天赋，身体素质非常好。作为球队的控球后卫，传球是她的强项，并且防守凶狠，投得一手精准的三分球。人如其球风，特别活跃。她是球队的开心果，是唯一一个专治"面瘫帝"Sidney的"武器"。Darian常常训练时开姐姐Sidney的玩笑，我们哈哈大笑，气得Sidney拿着篮球追着Darian打。她对我说的最多的话就是中国人太过于严肃了，

校队全体队员

不会讲笑话。于是她总是喜欢教我讲许多美国笑话，然后再向大家说："Hey，都安静，Shirley要讲笑话了！"但她身上最吸引我的还是那股拼劲。我们在一月份的时候多名主力禁赛，Darian一人扛起了组织和得分的重任。一开始她非常不习惯，球队完全是去了进攻节奏，但她不抱怨也不气馁。每天训练结束后都请我留一个篮球给她加练投篮，很晚才回去，被教练戏称为"球场守护人"。她的小腿跟腱还一直有伤，但她完全不在乎，打球时仍然很拼命。功夫不负有心人，Darian终于逐渐熟悉了新位置，最后关头力挽狂澜，带领球队赢得了季后赛的席位。有些时候，我真的需要她的那股冲劲，那种在学习上敢于破釜沉舟、在生活上敢于尝试新事物的劲头。

当然还不能忘了其他的朋友们，苦学中文的Infinity，努力、认真、热心于义工的Tuyen，热爱数学的Gerardo，善于搞活动的Rayme，在棒球精英队努力奋斗的女孩Megan……他们是一群可爱的人，一群热爱生活的人，一群和我一样追梦的人。有了他们这群朋友，我的交流年不会那么想家，生活中也增添了不少乐趣，奋斗的路上也不再孤单寂寞。与他们的友谊是我人生中宝贵的一笔财富，是我十七年的历程中一道绚丽的色彩。这段美好的经历会永远在我心中，也愿更多的人加入到交流生的队伍中来，体会不一样的异国生活，结交五湖四海的朋友！

仰望星空，也珍视眼前的微小幸福

= 许弘臻[2012～2013届交流生]

我相信选择出国交流这条路的人一定都有着自己的目的。当我刚踏上美航的飞机时，满脑子想的都是怎么闯荡世界，希望自己能够早日独当一面，立足于社会。

在美国生活的第一个月，我感觉自己的生活像是拍了一部戏。我是个演员，筹划了一场最华丽的演出。我试着向周围所有人微笑地用练过很多遍的英文段落介绍自己，大多数外国人也会友好地自我介绍。他们会在走廊上向我打招呼，或是约我放学后一起出去玩，就这样，我遇到了各种国籍、各种肤色、各种发型的同学。至于住家，我则是尽可能地避免任何冲突，谈话也注意很少有分歧。当住家向我提起什么事情的时候，我就告诉他们"In China,blablablabla..."，在分析完美中两国异同之后，提出自己的看法。学校课程没有中国教的深，但是更加注重口才、合作、实

许弘臻在美国过万圣节

践、创新等综合能力。经过一番努力，我逐渐适应了全英文的各种课程，从最初不太听懂老师的要求到能够轻松完成课业只用了不到两周。就这样，作为交换生我有了一个良好的开端。可是不久问题就出现了。

美国学校的课业不是很重，这就为每天放学后留下了大量的空闲时间。呼吸着民主国家的空气，如何分配自由的时间也是个问题。我思量着，除了和住家每天多说几句外，在学校不能参加太多没意义的活动，也不能说太多废话。事实上，我所在的学校管得很松。一般在课上聊天、吃零食，老师都不会在意。考虑到申请大学时会需要哪些材料，我参加了学校的Academic Team（学术团队）比赛，加入了Future Business Leaders of America（美国未来商界精英）社团，安排了两门AP课程，报名了SAT I、II的考试，并且计划着找校长和几个老师写推荐信。我上的AP化学课经常做实验，比国内的化学课要有趣得多。AP微积分前几章国内高中课本都有涉及，平时不疏于练习的话闭着眼睛都能考满分，然而后几章难度突然加深，尤其关于Taylor Series的问题需要记背的公式很多。社团刚成立时我是财务主管，后来接替了主席的职务，活动主要是卖我们自己设计的T-shirt和各种吃的东西。忙碌之中，我感觉在下一盘很大的棋，自己在竭尽所能增加手中的棋子。很快，这种自负的想法就招来了恶果。

当遇到同学向我打招呼，我大多数时候只是简单地回答"Hi"或者"What's up"，然后非常商务地咧嘴一笑，并不会刻意去记住每一个人的名字。几个月后，全年级的同学基本上都认识我了，可是我依然感觉处于一个陌生的环境。渐渐地，在走廊上向我打招呼的人越来越少，在同学中我也感到被孤立了。至于住家方面，我很快就因找不到什么新的话题而变得沉默。我发现自己很难融入一个家庭，于是更多时间将自己关在房间里做题。不久，住家就开始抱怨我怎么总是待在房间里，为什么不和他们多聊聊天。

我开始想念过去的生活，将自己十几年的回忆梳理成片段在脑内回放。我感到有点孤独，周围的同学不会像中国的学生一样理解我对待学习的认真态度，他们称我为学习的怪物，Wild and Crazy Man（野性而又疯狂的人）。我感到有点空虚，不知道自己每天的行为到底哪些有意义，哪些无意义。我甚至开始怀疑自己选择出国交流这条道路是否真的正确，如果高二在国内上的话是不是能过得更加充实。最严重的是，我厌恶自己的虚伪和做作，每天却又不得不挤出笑去面对周围的人，即使我仍然记不清有些人是谁，即使我的心情并不是一直万里无云。

自我反省之后，我开始重新重视人际交往，希望能够融入周围的环境。我结交了几个特别亲近的朋友，送给他们一些有中国特色的纪念品，并且互相添加了Facebook好友。课余时间，我也会和老师们聊聊天，有时能从食堂饭菜扯到朝鲜核弹，拉近了关系。住家方面，我积极地承担了一些家务劳动，而且用能找到的材料烧了几道家常菜让"住爸住妈"尝尝中华料理。为了减轻几门重量级课程的负担，我第二学期选课时选了电子琴，通过音乐在紧张的课业中放松了心情。周末闲暇时间，我总是拉上

许弘臻与学校的朋友

"住弟"一起出门去打棒球、滑雪，或是去图书馆逗玻璃橱养着的蜥蜴。我渐渐地喜欢上了异国的生活，原来宅在家上网的时间也被用在了课余活动上。

五月四日，当我和几个美国朋友一起站在Purdue University的领奖台上接受Indiana Academic Team比赛的全州冠军奖牌和锦旗时，心中除了夺冠的激动，更多的是对队友们的感激和收获友情的喜悦。由于我们来自地球的两端，文化差异成为了团队最大的障碍。但是我和我的战友们互相信任、互相鼓励，发扬了跨国团队精神，用犀利的合作击败了众多强敌，创造了千人小学校拿下全州冠军的奇迹。

通过为时一年的交流，我意识到真诚对人的重要性。老师和同学不是群众演员，更不是达成目标的工具。在别人的眼里，你只是个朝夕相处的外国朋友。也许他们会在上课时和你一起偷偷分享零食，也许你会某天惊讶地发现有人在Facebook上圈出了自己的照片，也许你会因为Twitter上缩略的英文讯息稍感苦恼，也许你会在毕业舞会上跳"江南Style"大展才艺……这些虽然都只是些微不足道的小事，但是你们的友情羁绊会创造出美好的回忆，让身在异国他乡的你感受到小小的幸福。

流年似水，青春应该挥霍在值得挥霍的地方。即使心怀改变世界的梦想，也应注意到眼前的微小幸福。我对未来交流生的建议只有一个，即使不擅长交际，也请真诚地对待身边的人。这样人生才不是一场苍白的戏剧，这样你才能在留学生活中感到快乐，感到幸福。

我对领导力的理解

= 范 蒙[2012~2013届交流生]

在美国待了一年，对美国价值观有了一定的了解，Leadership（领导力）成为了我要谈的第一个话题。

Leadership不仅是美国大学对美国高中生评价的一个重要的因素，同时也是他们学生会的代名词。每年很多学生为这个似有似无的东西拼了命参加类似的一门课，或者是俱乐部。当然这也是近几年中国学生所重视的，像各种峰会、模联还有一些辩论会，这些都是leadership的载体。但是美国学生毕竟熟悉英语，作为第一语言，即便我们表现再出色，也无法与他们比较。我跟美国的孩子们一起在UC DAVIS模联的Human Right Council（人权俱乐部）度过了两天一晚，他们所展现出来的自信实在无法形容，我甚至感觉自己在台上做英语演讲就是在赶火车，平常自信的我，节奏和停顿全乱了套。气场也不及美国同学，美国人表现出的自然大

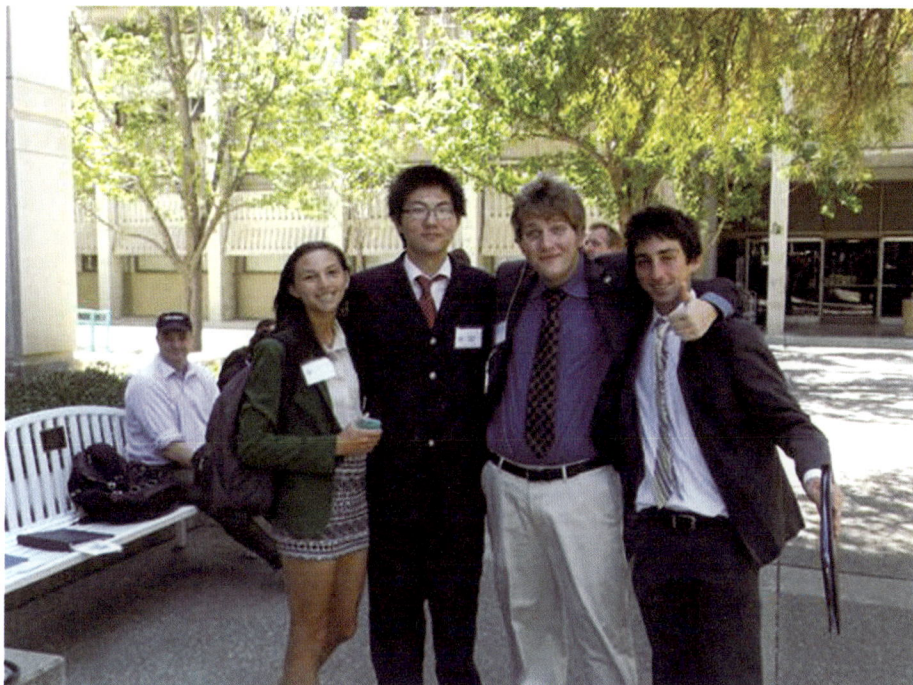

范蒙在UC Davis模联作为Somalia代表

方与我们是不一样的。我建议大家如果打算去美国交流，一定要参加他们
那边的至少一场模联会，拿不拿奖在其次，主要是见见世面。常青藤的模
联人太多，去了表现自我的机会不多，但是小一点的大学要好得多。

　　Leadership仅仅是一种品质，但我想向大家介绍的不仅仅是一种品
质。我在美国参加的课程除了AP课外，还有一些很好玩的课。在一个学
校交流，至少选一门对托福听力有帮助的课，比方说地理课。其次是特色
课，由于我转了一次学，所以尝试了不同类型的特色课。第一学期，我参

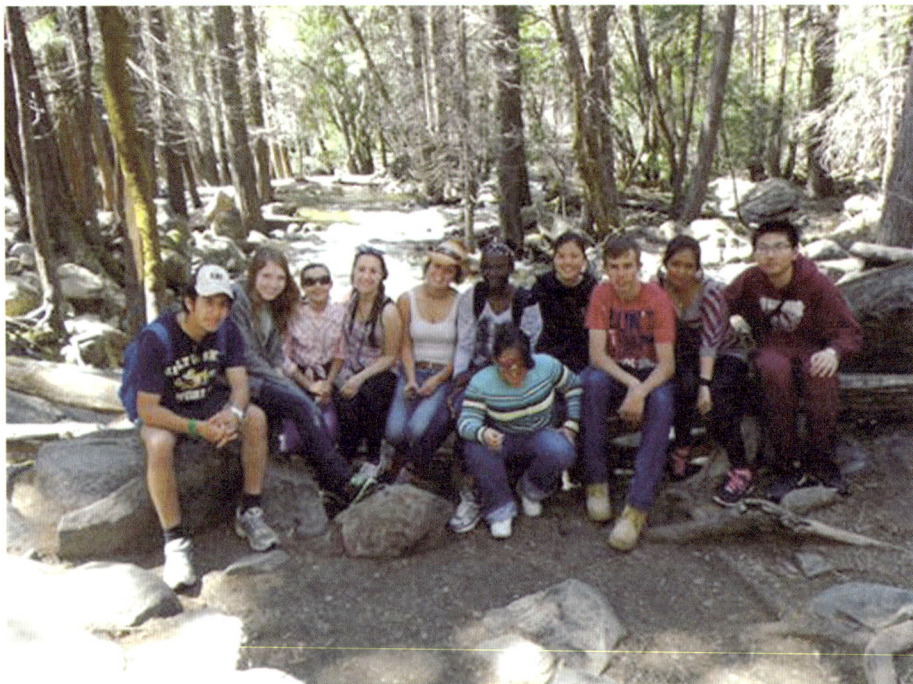

在优胜美地国家公园的合照

加了TV Occupations，这是一门当校电视主持人的课，我得到过两次宝贵的主持机会，成为了该校首位交流生主持人，我十分荣幸，也很自豪。第二学期，我参加了心理学、健身、Yearbook（年册）编写课。心理课参加了AP测试，取得了不错的成绩。平心而论，我觉得电视课更有趣，还可以锻炼自己的胆量。

美国高中校园活动

= 杨楚璇

相信大家去了学校以后多多少少都会关注交流期间学校或社区的活动。同学们可以自行去周边的教堂咨询如何参加社区里的义工服务，有艺术天分的可以每周去参加唱诗班或是给唱诗班伴奏。当然，美国的社区活动远不止这些，可参加项目因人而异。我本人建议大家尽量多参加校内的活动，因为这些活动一般来说含金量比较高，有专业人士指导，另外还可以结交很多有共同兴趣爱好的朋友。

商　赛

此类活动在美国被称作FBLA（Future Business Leader of America）。FBLA并非所有人都可以参加，需要从基础的Marketing（市

场学）类的课程上起才会有报名资格，有比赛之前学校会进行选拔，表现出色者即代表学校参加比赛。我当时对这些毫不知情，没有选任何相关的课。自然连参赛的资格也没有。所以大家如果有意向参加美国的商赛，去了以后一定要选一门Marketing的课程来打打底，补充一些学科词汇的同时也为自己创造一个拿奖的机会。

辩论与演讲

很多喜欢辩论的同学到了美国会很失望，觉得学校不够重视辩论，但这其实并不怪学校，因为学校组织活动一定是看学生的兴趣在哪里。一般来说，每个城镇或者地区都会在每年的特定时间举办辩论赛，如果你的学校有Speech&Debate Club（演讲与辩论俱乐部），就会有老师指导大家平日的练习和比赛前的准备。如果很不幸，你的学校没有这样的社团，你可以尝试自己创建社团来吸引有才华的同学和你配合一起去比赛，或者"谷歌"一下当地比赛的日程、安排和比赛形式，然后上YouTube自己找类似的视频来学习，自己准备。千万不要觉得学校没有的活动你就不去做，活动是你自己的事情，要学会为自己创造可能性。

学科荣誉俱乐部

一般来说，大家如果选了Honors级别的课程就有资格申请进入学科荣誉俱乐部。在我的学校，选了Pre-Calculus或AP Calculus，且学分在一定标准以上的同学就可以申请入National Mathematics Honors Society，又叫Mu Alpha Theta，即美国国家高中生数学俱乐部。入会以后会要求大家每周规定小时数，放学后留下辅导需要帮助的同学学数学。虽然有时候连作业都顾不上就要先奔到某个教室去答疑，但我个人很享受这个过程，也因此交到了很多数学不好的朋友。另外，因为选了AP美国历史的原因，我加入了National History Honors Society。虽说偶尔也要帮在上Regular历史课的同学答答疑，但多数时间我们的Club meeting都是在聊各自国家的历史。大家如果入了此会，一定要借此机会传播我国的悠久历史和深厚文化，把中国几千年的历史带给美国人见识一下。

科学奥林匹亚

我所在的夏洛特地区的大多数学校都有一个叫Science Olympiad的社团。大家如果对此类比赛感兴趣，社团的活动一定要及时参加。一般来说学校会安排一个科学课老师来辅导同学做题，保证大家对重点比赛科目

090 交流生笔记 Life is elsewhere: the exchange students' notebook

（比如化学和物理）的知识掌握良好。一些老师也不太懂的且参加人数较少的比赛项目也并非不值得关注，因为拿奖的几率几乎翻倍了。这种比赛每个人应该都会有一个Partner（伙伴），如果你和你的Partner都对某一个冷门的项目毫无概念，那就去"谷歌"吧。一开始总会磕磕绊绊，但是两个人好好合作一起努力一定会事倍功半。所以就算你理科不够优秀也不要害怕，因为参加活动本身就勇气可嘉，而且重要的并不是能不能拿到名次和奖牌，而是你自己在过程中有没有领悟新的东西，有没有完善自己。就算是冲着拿奖去的也别顾虑太多，要自信满满地去面对，功利心是一把双刃剑，尽了自己的努力就算是对得起自己。和拿奖相比，有所成长反而比较重要。

学科竞赛

学校里面一般不会通知学生去参加某一项学科竞赛，比如地区的数学竞赛，毕竟美国学生对这一块的兴趣实在有限，能拿到像样的GPA对他们来说已经是不错的事情，学科竞赛这种事情还是不要勉强自己的好。但是美国的学科竞赛一定会比国内参加的各种竞赛容易取得名次，大家还是要给予一些关注。通常情况下各学科的老师会对当地的赛事有所了解，大家可以和老师聊一聊比赛的时间、难度以及涉及的相关知识让自己有所准备。美国的比赛不到规定的报名时间不会允许提前报名，过了截止时间也

杨楚璇与朋友在一起

绝不会允许你再报名。所以大家要记好报名截止日期，千万别想着老师会像在国内一样再三提醒你。

自建社团

自建社团虽然非常能锻炼自己各方面的能力，但并非容易之事。有此想法的同学一定要做好吃苦的准备。首先，强烈建议大家找一个靠谱的合伙人，两个人一起成立社团的过程中，遇到困难时互相支持、互相鼓励真的非常必要。我之前有说过，学校组织社团活动是要看同学们的兴趣所在，换言之，如果没有足够的同学表示此新社团开办以后会定期去参加活动，大家会很难得到校方开办新社团的批准手续以及相关的经费支持。

当时我的学校要求我收集100位表示支持新社团开办的同学签名，这件事要真心谢谢我的伙伴Jennifer，作为毕业班学生的她在学校积累了相当庞大的人脉，因此签名的事很快搞定。接下来大家会面临写活动规划、找负责老师（每个社团会有一个志愿为社团提供活动教室的老师）、画海报、贴宣传单、逢人微笑提及此事吸引成员、采购美食作为每次活动的亮点、做PPT、找体现文化特色的东西展示等等。如果看到这儿你就晕了，我可以很负责任地告诉你，这些还只是皮毛。真正的难处倒不是干这些放着谁都会做的碎活，而是和自己心里的声音作斗争。建社的过程中免不了被质疑，看着辛辛苦苦做出来的宣传单被一张下周五篮球赛的通知给遮盖，难免都会怀疑自己。我们是交流生，去美国的目的是学习和融入他们的文化，美国人真正重视的东西我们永远也改变不了。

　　一个小小的社团也不是那么容易就可以在别人活了很久的世界里绽放自己的光彩。但是这些都无所谓，只是你一定一定要相信有努力就会有回报，你一直以为只有你自己看得见的努力其实别人也有默默地在关注。我还记得第一次Interest　Meeting的时候Kaylyn为了庆祝社团开张帮我烤了薄荷绿色的纸杯蛋糕。看着那一张张吃着蛋糕满足的脸，我不禁感慨——这些人里面有些是一直挺我的好朋友，有些是Jennifer的朋友，有些却素未谋面；每做一件成功的事，背后的不容易只有我们自己知道，当你觉得困难，觉得走不下去的时候，记得打败你心里那个质疑的声音，怀着满满的自信告诉自己，我真的可以。

在美国高中校队的经历

= 李克然[2010~2011届交流生]

    和中国不一样的是，在美国的学校，体育是校园生活中一个非常重要的部分。美国学校都至少有两个不同项目种类的校队，而且不论什么项目都差不多有男队和女队。几乎每个同学都对体育非常热衷，每人都会加入至少一个校队（其实也是完成学业要求）。我所在的学校很小，所以进校队对于我来说是一件非常容易的事情。只要你有这个意愿，坚持参加训练，都可以在赛季中得到表现的机会。而且这里的观念和国内有些不同，能不能得到上场表现的机会，不是由你的水平决定的。引用教练的话，"不要以为你的水平高你就可以上场叱咤风云，我一定会把每次训练都认认真真、没有怨言地完成我所布置任务的同学放在场上，而不是光有水平不来训练或者每次训练都带大量水分的人。"所以经常可以看到场上的队员们是水平很菜的新人，但是大家都会从心底里一视同仁地为他们喝彩。

说到训练，这里的学校都会专门请很有经验的教练来带队，并且很多情况下，教练是自愿来带校队的，他们都有自己日常的工作，也就是说很多时候他们都是不拿一分钱的。所以这里的学生对教练都非常尊重，而且不论他们平常多苛刻，多魔鬼，队员们和教练之间的关系都会无比亲密。训练的时间一般都会在放学后，当然也有比较晚的，比如我的篮球训练是在下午五点半到七点半，这就要求我们提高写作业和听课的效率了。双休日不会有任何训练（也不会有任何课）。教练中会有很仁慈的，也会有非常强硬的，但不论是哪种都是同样受欢迎的教练。如果觉得训练太辛苦就想放弃，就太傻了。你就看看美国同学为什么肌肉一条一条的，人家怎么就能没有怨言地跑下来呢，当年红军还能长征两万五千里呢，难道我们这点毅力也没有吗。

当然，还有一个更重要的原因，那就是我马上要说的比赛。这是任何一种体育项目最精彩的部分，也是我们在美国将拥有的最精彩、最有意义的经历之一。比赛时间一般在放学后（代替训练），当然也有一年只有一次到两次的锦标赛会持续两天并占据一个休息日。所有的比赛都是州际的，主场和客场都有，客场比赛时学校会有校车或者家长义务驾驶保证队员们提前至少四十五分钟到达比赛场地。比赛都会有专业的裁判，专业的场地，严格的安全保障措施，保证大家都能"Have fun. Play hard. Play safe."（愉快、拼搏、安全）

最激动人心的就是比赛时队员们那种团结的精神，在中国实在是难得感受到这种团队灵魂。我并非崇洋媚外,在这里比赛时,每一个人都在呐喊,都在认认真真地看比赛,而不是坐在观众席听音乐玩PSP聊天。每个人都无比地投入,替补队员时刻准备上场,观众更是扯着嗓子不停地喊。每次得分都会爆发出掌声和"Yeah!!!",这样的团队没有发挥不好的道理。

一场比赛下来,不论队伍输赢,每个人都会友好地交流比赛中的精彩瞬间,每个人都会高高兴兴地离开,每个人嗓子都哑了,随后便是到麦当劳、汉堡王或者赛百味大撮一顿,最后尽兴而归。锦标赛则会是这种比赛的至少两倍精彩,至少对个人而言,锦标赛是拉近同学之间兄弟情谊以及队员和教练之间的信任和友情的绝佳机会,我就不加赘述了,也留点惊喜给大家自己前来体验。

相信自己

= 王子君[2010~2011届交流生]

花了将近两个月斟酌演讲选题，加上正式赛季基本从三月开始，我也本没有给自己在这件事上施加太大压力，而当我总算定下来要讲"The Loss Of Creativity（创造力的丧失）"的时候，教练Bev和我谈了十分钟说你可以去参加二十六号的比赛。而那个时候，是在正式比赛的两周前，我除了定下了选题，剩下文章的一个字还没写，更别说背下来讲演了。我开口就说不是吧，然后Bev给了我一个"些许强硬、些许随意"的表情。

Bev说他今天就要注册选手，给你二十分钟决定。我明显觉得他哪里搞错了，对我这么大的信心从何而来（事后他带着诡异的笑容跟我说其实我只是想试探一下你）。但是不得不承认他的那种既强硬也随意的眼神让我开始对自己燃起挑战欲。既然只有两周，那就是一周查资料写一篇十分钟的稿，一周把它背下来再加上语气和演讲姿态。于是在我决定要做这件

美国学校图书馆

事的时候，棋局已定，就去放手一试。

一周的工作非常规律。每晚大约九点开始动笔，十一点半必须睡觉。十分钟的演讲大约六页纸，所以两个半小时里至少产出一页纸。第二天放学光顾Bev的教室，把我的进度给他看，问他符不符合口头报告的格式和要求，和他一起讨论创造力的重要性，一起来回改写过的草稿，一起整理文章的逻辑顺序。等Bev下班后，如果图书馆还开门就去图书馆的电脑上把新鲜的想法及时打下来，直到图书馆也关门。然后每天都很有成就感地回家重复这个过程。

到周六的早上，和西西同学在QQ上整理一些文章里我自己有些凌乱的思绪，再一起找一些我没能找到的数据，讨论怎么弥补。到周六中午吃午饭的时候，整篇草稿已经成型。看着七页纸的稿子齐刷刷地跳跃在Word文档里，我即便是知道这七页纸还会被涂改，也已经有了很大的成就感。有成就感就好办了，就有动力了。

所以第二周的时候每天都会在背稿子的基础上重新对细节上做些删减和修改。看着比赛日子的临近，那种对自己"探底"的好奇心也越来越强。周五晚上梦回中国，正当在梦里的我想着"如果我现在在美国会怎么样"的时候，闹铃响，早上五点半，起床准备比赛。

经过三轮的初赛，两轮的半决赛和最后的决赛，下午五点半的时候，终于和其他六个Orator（演说者）站在一起，面对六个奖杯。当时心想别是第七名就好，捧了个第五名的小奖杯回来，感觉有些意料之外，却隐隐地觉得在情理之中。很多队友在我被报到名字的时候都大声喊了"Yah! Clivia"，当时的感觉特别好。

所以想告诉大家的是，不要先否定自己，自信非常重要。没有一点点自己对自己的支持，我在一开始就不可能会去注册这场比赛，甚至或许连演讲题目都还没有想出来。给自己施压，然后放开压力努力去做，结果就不会差。当别人对你的成绩表示惊喜的时候，你自己或许都没有感觉到，因为努力过，所以结果是值得的。

Chapter 3

有爱就有家

在美国送礼物FAQ

= 詹　竹[2010~2011届交流生]

礼多人不怪，这话一点都不假，送礼可以增进彼此的感情，但是，送什么，怎么送，什么时候送，这些都是要讲究的。

Q：有哪些场合需要送礼？

A：刚来的时候我从国内给住家带了礼物，建议大家这么做，这是对住家接待的感谢，同时也使住家对你的好感"蹭蹭"地就上去了。此外还有大家熟悉的圣诞节、住家成员的生日。说到圣诞节，我劝大家早点准备礼物，千万不要拖到最后两三天才懒洋洋地动身去商场，除非你做好了和那些疯狂热衷于圣诞打折的人们在商场里"血拼"的准备。情人节送住家和好朋友巧克力也是件很贴心的事。

Q：送什么好？

A：送住家的礼物嘛，当然要有中国特色。春节挂件、云锦、扇子都是不错的选择。同时也可以观察住家的喜好，买一些实用的礼品。举个例子，我的"住妈"就特别喜欢body&bath的乳液和香水，"住爸"喜欢UK Wildcat的T恤。在知道喜好之后，买礼物就容易多了。除了住家，还要准备一些小礼物送老师和朋友，个人极力推荐中国结挂件和香囊，这些在美国特别受欢迎。顺便说一下，"海宝"挂件就免了吧，会被误以为是水系神奇宝贝的。虽然很无语，但这是真相。很遗憾，这里没有多少人知道上海世博。

Q：要注意什么？

A：美国人特别讲究包装，请一定把礼物包装得尽量美观，最好华丽。把礼物整齐地放在盒子里，裹上一层精致的彩纸，贴上多彩的礼花，再附上一张贺卡，这样才算大功告成！这里没有专门的礼物包装店，所以建议大家在来之前练习练习包装礼物，肯定会派上用场的。

Q：礼物要送多贵的？

A：提到钱，俗！但这是个很实际的问题，俗就俗一下吧。大家不用买特别贵重的礼物，礼物表达的是心意，没有人会因为价格而讨厌或者喜欢一件礼物。有时候，送一根蜡烛比送一幅名画效果来得好。给大家一个参考，礼物的价格控制在15到25美元左右，根据个人经济情况和当地消费水平，可以适当加减。

关于住家的一些忠告

=　殷玟然

　　每次提到"住家"二字，心中就觉得很沉重，和住家的关系成为我这一年最大的遗憾之一。然而我从那段不愉快的经历中学到了很多宝贵的经验教训，谨与新一届的交流生们分享。也许你会觉得这篇文章写得暮气沉沉，非常世故，但是关于交流生活丰富多彩的宣传大家已经听了太多，生活中一些具体的问题怎么应对，反而是需要补上的一课，其实圆滑也是一种智慧。先简单介绍一下我住家的情况：一对老年白人夫妇，两个人都六十岁以上了。"住妈"是医生，"住爸"赋闲在家，没有孩子。

　　请接受美国人喜欢抨击中国政府和其他社会问题的现实。我的住家每每提到中国，几乎都是负面言论，而且充满了讽刺。刚开始我觉得自尊心很受挫。但是后来发现，这些问题其实我无力去改变。中国社会确实有诸多问题，尤其是人权方面的议题，在老美看来是不可容忍和不可理喻的。我爱我的国家，是因为我爱她。但是老美说话直，想到什么就抨击什么，不会因为家里多了一个中国交流生，就开始顾及他（她）的感受。美国人从小到大听到的都是"共产主义是洪水猛兽"，"社会主义是极左思想"，这些是他们思想中根深蒂固的东西。我作为一个交流生，其实没有多大能力去改变。所以，还是不要让自己那么敏感好了。

请仔细地思考你们的问题到底出在哪里，对症下药。很长一段时间，我都不知道自己为什么会跟住家合不来。只是觉得年龄、文化的差异太大因而无法沟通。后来我们学校里另一个中国学生在见过我住家一面之后，一语道破天机。"为什么你住家那么喜欢命令你，每句话都在说教？"我恍然大悟，这就是问题症结所在。住家大概因为是老年人的关系，特别喜欢教育我。而且他每提出一个建议，都要亲眼见到我落实才行。我觉得这是很荒谬的，因为我们每个人都有自己独特的处事方式。

住家的要求要尽量满足。其实要哄住家开心，最好的办法就是听话。很多时候忍了也就忍了。比如我住家至少跟我说了四五次让我搬到客厅去写作业。我很诧异，学习的时候当然要有自己的一片安静的小天地，我觉得这是天经地义的事情。他们在客厅里做菜、看电视、聊天，我怎么写作业？但是当我住家催了N次之后，我意识到，再不听话是会出问题的，于是乖乖将书本搬到客厅里去。刚开始很不适应，但是习惯了之后，学习效率就不会受到太大的影响。重要的是，住家满意了，这样就够了。大家到美国之后，住家可能会跟你说，"把这里当家里一样，说话要直，不用顾

殷玫然的住家客厅

忌。"这样的话本意是好的，不过姑且听之也就够了，不能把"说话直接"当成行动守则。我就犯过这样的错误。事实证明，说话直接是会让住家生气的。大家不能真的把自己当家里的一份子，而把礼貌、客套、外交辞令丢掉了。这话听起来很心酸，却是我想给新一届交流生的最重要的忠告之一。

知道家里谁是"老大"很重要。每个家庭里肯定都有分工。像我这个家庭比较特殊，就是女主外，男主内。总之我们家一切的生活重心就是我"住妈"。所有时间安排都要根据我"住妈"的计划来定。出门旅行的时候，我们要帮她拉箱子，晚上吃饭的时候，我们要帮她端盘子。饭是我"住爸"做，采购、洗衣、打扫等所有家务活也是他做。"住爸"每天还要为她准备爱心便当午餐，每天帮她给手机充电。我后来也就学乖了。有什么事情跟"住爸"可能好商量，但是绝对不能麻烦我"住妈"做任何事情。我想其他同学可能不会遇到我这么神奇的家庭，但是知道家庭里谁是"老大"，千万不要去招惹他（她），是在夹缝中求生存的不二法则。

美国人是一定会觉得你是书呆子的，可是你要记住学习是自己的事情。和其他所有交流生的情况一样，我的住家也很反对我用功。概括一下，他们希望我拿Easy A，也就是说，上轻轻松松拿A的课，这样我成绩单也好看，也有大把的时间跟他们在一起。可是我不能这样过。我希望上有挑战性的课程，能够真正学到知识的课。这点上，我们跟美国人真的是无法沟通的。两国国情不同，他们高中毕业之后大部分人都可以上大学，而我们要辛苦奋斗才有跳龙门的希望。所以这就是为什么在美国很容易堕落掉的原因。当学校重视体育胜过重视学习，当住家反对、干涉你学习之时，你还有勇气坚持下去，完成自己制订的计划，一步步实现目标么？我希望你的答案是肯定的。

遇到不愉快的时候，请忍了再忍，切忌冲动。我"住爸"可能是因为以前当兵的缘故脾气相当暴烈，我做错一点小事他就会发火，甚至曾经指着我鼻子用脏话骂我。我在这种时刻心里常常委屈至极，很有甩门而去甚至跟他对骂的冲动，但是我都忍住了。刚来的时候我不懂事，就真的与他吵了一次，后来闹得很僵。我国内的父母就劝告我无论如何要多多忍耐，千万不要还口。从那次以后，我就真的没有再还过口。大家一定要把心态放好，哪怕心里觉得他在无理取闹也行，咱就当练习英语听力了。与住家对骂，图一时之痛快，事后可能对你对他都没有好处。我常常安慰自己，练习心理承受能力还是很重要的，日后踏上职场肯定也少不了种种委屈，就当提前练习"夹着尾巴做人"好了。

请记住这里既是家，也不是家，要靠自己去把握好那种微妙的平衡。以前在学校里如果不开心回家一股脑地都可以跟父母说。烦了、累了，没心情聊天或者没胃口吃饭了，就待在自己房间里早早睡了。而这里，说得难听一点就是，在学校里的战役刚刚打完，从踏进家门的那一刻起又要整装待发，换出一幅精神饱满的样子，"时刻准备着"打一场新的战役，保持微笑与住家"斗智斗勇"。这就是为什么我在美国常觉得累的原因。每天只有到了晚上回到自己的房间，才算真正完成一天的任务，可以舒舒服服地放松、做自己。不是我故意夸大美国生活的难处，大家来了之后才有切身体会。这个"家"并不是你可以卸下一切负担、放松身心的地方，要保持机警，不该说的话不能说，不该做的事不要做。

住家只是你美国生活的一部分，即使关系处不好，你依然可以在其他方面have fun（享受生活）。有的时候不要太担心住家的问题。我后来发现，如果我时刻都担心能否让住家满意，生活的重心就完全围着住家转了。而我在美国还有很多喜欢做的事情啊！我喜欢英语课上七嘴八舌的讨论，我享受参加学校的社团活动，天气好的时候，我可以沿着河边骑单车，或者去小镇上闲逛，游泳馆和图书馆是我的最爱。还有书架上码得整整齐齐的好书，电脑里珍藏的老电影，都是我的精神慰藉。人要有一种让自己活得愉快的能力。不管环境如何，我都可以找到喜欢做的事情。

怀着一颗感恩的心。住家是很不容易的，他们都是志愿者，管吃管住不收你一分钱。单凭这点，我们就应该很感激他们了。我们这一代独生子女，老实说还是被父母娇惯太多，出门的大忌是把住家当父母。不要认为他们为你提供这个那个、帮你忙都是理所当然的。他们毕竟不是亲生父母，不可能对你那么好，即便是亲生父母也没有义务对你关怀入微。请时刻怀一颗感恩的心，并且要将你的感激之情表达出来，让住家感受得到。很多时候就是退一步海阔天空，大家能够在一个屋檐下生活一年实在是一种缘分。

终极建议：是否换住家。我最终没有换家庭。那两个星期天天哭，觉得在这里实在没有希望的时候，我几乎所有国内的朋友都建议我换家庭。我是差一点就要给机构打电话了，可是后来想着还是再给住家一个机会。后来发现，我们虽然合不来，但只要多妥协一点，日子也能正常运行。换家庭肯定很多麻烦，即使换了，新家很可能也有新的不如意。家家有本难念的经。但又或许，这只是因为我胆小怕事。下学期开学的时候，我们学校来了一个丹麦的交流生，她在美国这一年已经换过两次家庭了。从最初的亚利桑那，换到俄亥俄，现在又来到爱荷华。她说她非常喜欢现在的家庭，但是这是她换了两次家庭之后才争取到的结果。如果她畏缩犹豫了，现在还在跟最初合不来的家庭郁闷地过。但是我想，从各方面考虑，各人终究还是会做出自己的选择。

总之一句话，别怕换住家。但是换住家之前，也请一定仔仔细细地考虑清楚。扔掉一些不必要的幻想，有时候多退一步，生活也可以这么不咸不淡地过下去，而那也许才是生活不加修饰的本来面目。

殷玫然在美国

肉这种食物，放弃了也罢

= 顾星宇[2012～2013届交流生]

在来美国之前，听前辈们说来美国之后一定得注意饮食，否则肯定会吃成个大胖子回去，更有前后多了十多斤的例子，让我不得不在来之前对自己好好催眠，提醒自己千万不能吃太多。结果来了以后我发现自己多虑了。为何？只因住家是稀有物种——传说中吃的比和尚还素的Vegan（纯素食主义者）。

在来之前和住家通过不少邮件，也视频通话过两次，但他们从来就没和我提过一丁点有关Vegan的事，让我完全没有心理准备。好在我到的比较早，他们还在阿拉斯加度假，所以我最开始先住在临镇他们朋友Patrick和Patricia Welch家，正好他们也同时接待了另一个和我一起来的中国交流生，所以我刚到这边的几天过的是极好的，可以说很滋润。

直到有一天，Patricia问我，你知道你住家是Vegan吗？

我说，Vegan？Vegan是什么。

这时候Patrick插话，Vegan就是素食主义者。

我说，那不是叫Vegetarian吗？有什么差别么。

Vegan就是只吃素食，不吃蛋类和奶制品的，Patricia解释道，在美国Vegetarian只是不吃肉而已，两者差别还是挺大的。

我心想，那我不是完蛋了，一年不给我吃肉？对于我这个肉食主义者来说，好像有点麻烦。索性不去管它罢，在Welch家这几天努力吃肉。

Patricia是北京人，所以对于我的"遭遇"，她还是挺同情的。在他们家住的这几天，她和妍臻（住他们家的交流生）弄了不少好吃的，什么红烧肉啦，炖排骨啦，筒子骨汤啦，烤猪扒啦……尽是些我现在想想都流口水的美食。我很感激他们让我在吃素之前享受到这么多又中国、又美味的食物。

终于，住家从阿拉斯加回来了，我恋恋不舍地离开了Welch家，准确地说，是Welch家的肉食。一开始在住家进餐真的很不适应，因为我并不是个喜欢蔬菜的人，对于很多蔬菜都很挑。在我"最难吃蔬菜"的排行榜中前三位就是胡萝卜、洋葱还有芹菜，但这三种在最初的餐桌上占了主导地位，导致我不得不和"住妈"说明。后来饭菜中基本没有芹菜了，洋葱和胡萝卜也会因为照顾我放少一点或是不给我盛。我记得刚到这儿的头两个星期我称体重，整整瘦了十磅。我当时心想如果我要减肥的话这效果够显著啊，但其实每次出去吃的时候，住家都会允许我点任何我想吃的东西，不需要管他们——当然他们点的菜都是vegan的。就像我"住爸"说的，"I want you to try anything new to you"（我希望你尝试任何新的事物）。

我住的这个小镇Shafter位于传说中的加州中部盆地，名副其实的Middle of nowhere（偏僻之地），但有90%的人口是墨西哥裔，所以整个小镇都洋溢着一股墨西哥气息。同学、老师、店员动不动就会冒出几句西班牙语，让我这个半个字都听不懂的中国人欲哭无泪。唯一让我感到欣慰的是，正宗的墨西哥食物都还不错，在吃了不少蔬菜之后为我添点油水。之前在国内完全没有吃过墨西哥菜，唯一和墨西哥沾边的估计只有KFC卖的墨西哥鸡肉卷了。另外有一家叫塔可的餐厅，虽然名字是"Taco"打着墨西哥的名号，但唯一有点墨西哥味的就只有几种Taco和所谓的Fajita（店里翻译成法吉塔斯，殊不知j发的是/h/的音），剩下的就只是完全中式化的西餐。于是在这儿我真真切切地感受到了墨西哥菜的美味和吃完后的饱腹感。这边任何餐厅里卖的Burrito（玉米煎饼）都是现做的，而且真的可以用巨大来形容，一般吃到三分之二就饱了。另外还有Torta、Enchilada、Quesadilla等一些名字怪异、只可意会的美味。我唯一尝过的食物里不喜欢的只有Menudo（杂烩汤）了，虽说是杂烩汤，但说白了就是用牛大肠、洋葱和鹰嘴豆放一起加调料煮出来的汤，闻起来一股膻味，差点没让我吐出来。

住家之所以成为Vegan是因为在一年多以前，他们看了一部叫做*Forks*

高热量的美式美食

Over Knives（《用刀不如用叉》）的纪录片，里面爆料了肉类食品的隐患，后来他们又读了一本有关美国肉类、蛋奶类食品以及在亚洲健康国家（主要是中国）的调查，再加上那段时间他们的一个朋友也因为癌症去世了，所以，用"住妈"的话来说，他们吃了几十年的垃圾食品，很害怕自己哪一天突然出什么问题，于是决定走上Vegan的"不归路"。听她说，她这一年多下来一共瘦了95磅，我和我朋友说了之后她说我"住妈"就是励志的典范。

在住家的日常三餐都比较单调。早餐他们会煮Oatmeal（燕麦粥），但我不太喜欢，所以我基本就一根香蕉解决早餐；午饭我在学校吃，伙食一般般；晚饭在家吃，"住妈"会换不少花样，但加的那些香料基本味道都差不多。有时我会给他们烧一些中国菜（但还有一个问题是他们烧菜为了健康不放油，让我烧什么都很为难），豆腐、白菜、土豆之类的，加上我爸妈寄过来的调料，他们也都还能接受。然后吃着蔬菜，不自觉就习惯了，虽说在外面还是会点肉吃，但对蔬菜的厌恶程度远远不及一开始那么强烈，更有一些我以前不太爱吃的蔬菜现在也能欣然接受了——所以做Vegan并不是件坏事，至少我能感觉到饮食的健康。

在圣诞节假期的时候，住家带我去了洛杉矶，玩了迪士尼、好莱坞等很多地方，我也放纵自己的嘴大吃特吃。在迪士尼的时候，我和Lily买了一个超大火鸡腿，都快和我们脸差不多大了，两个人好不容易才分着啃完。后来在各种餐厅，我基本都是吃到撑才停——假期嘛，不好好犒劳一下自己总觉得对不住自己。也不敢去称体重了，心里有数就可以。到了新年，"住爸"问我有什么New Year's resolution（新年目标），我思考半天对他说，我决定成为一个Vegetarian了。他很惊讶，问我说你不是很喜欢吃肉的吗，是不是受什么刺激了。我说，我觉得在美国吃肉太不健康了，都是大鱼大肉的，吃太多了会长很胖，觉得吃素会比较健康一些；但又觉得Vegan有点绝了，所以我就做一个Vegetarian吧。我很有志气地把Vegetarian的生活过了好几个月，直到现在也仍然坚持着，虽说途中有几次没按计划进行——春节的时候去了Welch家，Patricia和妍臻都拉着我吃家庭火锅，我推脱不了，只得顺着他们，吃了不少肉；后来参加田径队，训练强度太大，让我不得不把中午的伙食改成以肉为主从而提供更多的能量（但后来因为腿伤退出了，所以就又回归了vegetarian），等等。所以，我大部分时间还是只吃蔬菜的，也再没有觉得不满足，而且"住妈"烧的不少东西都挺好吃，先前不喜欢是我太挑食的缘故。

不知道回国以后还会不会继续这样的生活。不管怎样，中国人的饮食本身就比美国要健康许多，所以有什么需要担心的呢？况且，放弃吃肉的生活并没有想象中那么可怕、那么煎熬。

再看回来，住家是Vegan确实是算比较极端的情况。但我连这个都熬过来了，还有什么不能解决的呢。来亦何苦，去亦何哀，妥妥的。

千里共婵娟

= 王子君

听说中秋节南京下雨了。于是，在九月二十二号夜里，这场雨也没绕过时差，降临在密歇根。

我知道有很多和我一样的交流生在美国，到了中秋节会非常想家。想念中国的一切，食物、习俗、朋友、家人，还有月亮。有的人真的无法压抑满到快要溢出来的思念之情，只想快点快点过完这十个月。我也知道有很多和我一样的交流生在美国，生活过得小资又轻松，没有过多的必须、没有过重的压力、没有过分的作业。一切都在自己的掌控之下，而不是家长，因此比起在国内要无限自由。

那么，你呢？你想家吗？我想家，可是不过分。我想家，因为家一直在心里，想念更像是一种惦记和关切。家人和朋友们就一直没有离去过。当我从学校回家看到手机上前夜从中国发来的各种中秋祝福短信时，心里暖暖的；也微笑着想，果然我们都在彼此身边。

你自由吗？我很自由，这自由却很有限。这里的环境也有这样的自由去选择自由，当然，也有自由去选择其他。自由不等于没有约束，相反，只有在一定的框架下，才能享受真正的自由。

来这里的一个月，或许对于美国最喜欢的一点，就是这样的自由。有自由去选择自己想要成为什么，更重要的是，有自由去为成为那个自己而努力奋斗。当一个人掌握了自己的一段人生，那么就要对它负全责，意味着甚至没有其他人会在意。可以有别人的帮助，也可以有自己的迷茫，可最重要的是，这一切都是自己的，在自己的掌握下。

某些时候甚至会有自己在做梦的不确定感。我真的在美国么？真的所有事情都需要自己照顾自己吗？真的活在一个和原来的自己差了十二个小时的地方吗？之后我给自己的答案，也许比掐自己一下更简单。就是没什么好担心的，也不允许自己思前想后。看着眼前，上好这节课，过好这一天吧。

中秋节这个中国的传统节日，对在这里的我来说或许也就是另一天。没错，远离故乡、亲人、所有熟悉的东西；但是很安心，在这样的日子里，是一个人，更不是一个人。

新　爱

= 田　宇[2010～2011届交流生]

　　11月11日，光棍节那一天我更换了住家。距离产生美。我现在尤其赞同这句话。

　　当我刚踏上美利坚的土地，一个单亲家庭接待了我。开始的日子总是很好的，一切都很新鲜，家里没有男人也与我的生活习惯相合，"住妈"对我也很关心体贴。"住妹"虽然很沉默寡言但也没有争吵，一切都很平静而美好。因为"住妈"工作忙，我和"住妹"一般被"寄放"在她父母家，爷爷奶奶人也很好，总之是一切都很顺利的感觉。

　　但人太放松、太闲适总意味着有什么大事要发生。这句话用在我身上一点不错，很快文化差异就真正把我震惊住了。一些在我看来只是鸡毛蒜皮的事对他们却是天大天大的事，然后就是在平静的表面下暗潮汹涌了。中间的"戏剧情节"很多，但已经不愿说出口，因为过去就已经过去，如果是给以后的学弟学妹一些建议的话，那就是文化差异很正常，不要担心只是你一个人的问题。不要否认自己，但要反思自身。努力去改变，所谓改变不了这个社会，就让自己适应这个社会。说到底，我们都只是他们的过客，期限一到，立刻走人，如果有缘，以后再见；如若无缘，一生不见。真的是这样，不管说得有多么好听，家庭的一份子，现实是不奢望他们对我们能像对亲人一样理解，只怀着一颗感恩的心，去感谢他们这样接纳一个陌生的外国人进入他们的家庭生活，这其实已然很伟大了。

按我的良心说，矛盾是双方造成的，我不埋怨他们。刚来时的我确实带着很多棱角，不小心就刺到别人，是一个涉世未深，被父母宠大的小孩，很多事情想不周全。最初由于不了解加上新鲜感都还好，但后期等到和家庭都了解了对方，矛盾会渐渐凸显。我还算是个较温和的人，起初是没有想到换家庭的，就这样过下去就算关系比较僵但还算没太大麻烦。但我在这里的好朋友知道了我的情况以后，她的家庭主动向地区代表提出接待我。于是，我就在一个晚上莫名其妙地接到地区代表的电话告知我要换家庭了，心情不是该有的解脱和愉悦，反而哭了，也许是释怀，又或许是对未知未来的一种恐惧和憧憬。官方的理由是"住妈"工作太忙，总是把我们放在爷爷奶奶家，不能让我真正体验美国家庭生活，另加上总是在工作日（即周一到周五）带我们外出至凌晨。

新家庭条件比原来的家庭好，虽然我要和"住姐"住一个房间，但一切都在很好地进行。家里是爸爸、妈妈和两个在家的女儿。两个女儿一个十六岁，比我稍大，也就是我的好朋友。另一个十四岁，是一个很漂亮且很喜欢亚洲的女生。最好的一点在于他们家都很喜欢我，而和"住姐"的朋友关系也让我省去了不少尴尬。他们还有六只猫，都超级可爱。

　　这家的氛围是属于比较自由的，家庭成员都喜欢干自己的事，不互相打扰，很合我的习惯。当然，也不能太放松了，距离产生美嘛，当然不能再犯以前的错。现在的我已经更加懂得一些美国人的特殊习惯，我也很庆幸他们是我的第二个家庭。经过一系列事情的洗礼，所谓在正确的时间，遇见了正确的家庭。现在再反思原来那个家庭的生活，好像总是活在一种警惕中，很压抑，都已经不是自己了，主要问题还是习惯、性格什么的不合吧。如今和姐妹们关系都很好，那就祝福我吧！也祝福那些还有矛盾不顺心的童鞋们move on（向前看）。

沟　通

= 赖星羽[2011～2012届交流生]

关于交流，实在有太多话想说，寥寥几百字远不能诠释其真谛，只算是把我的经验说出来，希望学弟学妹们能感觉个中滋味、自取所需。

首先，在保证身心安全的情况下交流是一件好事，不论运气好坏与否，对自己都是一段再特殊不过的经历，以后也不大可能再得此机会。那么，怀揣着忐忑心情踏上旅途的高一学生们会面临何种境况呢？

不一样的住家

你的住家可能非常友善热心，为了文化交流、促进友谊等等正能量因素决心收留一个可爱的外国孩子。那么恭喜你，在接下来的一年里将会感受到美式家庭的温暖，慢慢融入他们的生活，懂得他们的思维方式、处世之道，体验当地美食、历史传统、休闲娱乐，结交许多异国朋友。开拓视野的同时能深入体会到异国文化并传播中国的文化给他们。不论是中西思想的融合还是独立自理能力的提高都会更好地塑造一个人，最直接的结果就是会发现交流生回国都懂事了长大了。

你也可能遇到极小概率事件。到了住家发现咦怎么跟说好的不一样？！拿我来举例吧，到了住家的一个星期后发现事情些许不对，没有网络，限制热水，限制用电，吃的自己买来给住家做，还要负责扫厕所、擦墙面、吸尘等所有家务……这些我就忍了，最难以置信的是不准我冲马桶。社区也比较危险，晚上经常被枪声或直升机射灯惊醒，然后不得不躲到地下室去。学校方面课程混乱，离住家远以至于必须赶校车无法参与任何活动。

总之当时感觉就是一团糟，和交流组织反映也无果。这里不得不提到一个很不合理的规定——交流过程中一旦出了问题，必须要美国方面反映才有可信度，从国内或者交流生传来的意见一律被定为主观的"思乡"造成不实信息，那么如果真的是住家产生问题隐瞒呢，"机智"的交流组织还有分管各个区域的负责人定期家访采取判断，一旦这位关键负责人出了差错，交流生的权益是无法得到保障的，比如我的负责人就临近辞职了，把手里工作全部推脱，别说定期的家访了，我连她人都没有见过，以至于从我父母和我个人方面反映上去的情况都石沉大海、不被听取，这段期间也是我有生以来最郁闷的一段时间，学习也被我抛在了一边（这给我的申请过程造成了很大的障碍）。

然而好在戏剧性的一幕发生了，就在我过生日的前一星期，组织终于调来一位新的负责人真真切切来做了一次家访，后来得知，10分钟后她就决定要给我换一个环境。生日那天我被告知下学期将把我安置到新住家的时候激动得真是连叉子都拿不稳。第二个住家对当时的我来说是个童话，在那里我真正感受到家的温暖。即便短短半年早已过去，我们仍旧一直保持着联系，八月份他们也将开车把我送往大学，足可见情谊深厚。

住家整体不错，和住家多沟通

和住家沟通，表达你的看法。这点很重要，我们的教育和礼节告诉我们这种情况下提出要求是不礼貌的，再加上刚接触的羞涩，大多数人心里肯定不愿意把真实的想法说出来，但是住家希望和你有更多的沟通，他们不会以我们的思维方法揣摩你的想法，所以大胆说出来，毕竟以后还要一起生活很久，有效率的沟通也利于关系的培养。那么如果提了之后住家还是要求你要遵守他的规定呢？这里我觉得"寄人篱下"总要拿出点觉悟，毕竟不是在自己家里，国有国法、家有家规，如果他们的家庭成员都遵守那我们也不能要求特殊待遇，当然也不是说要一味地委屈自己，你也可以适度见招拆招。举一个不太恰当的例子，当时我的住家限制我用电，我就买了一块太阳能板，自给自足，双方都能接受，何乐而不为。

选择新住家

其实同学们应该在去之前好好了解被分配的居住家庭的情况，如果发现问题及时表示更换意向，并一定要坚持，我当时就是吃了没有坚持的亏。由于从被分配到出发只有短短一周的时间，虽然察觉了将要就读学校的一些负面新闻，但也没有细想细查，稀里糊涂就飞过去了，实际上出发前是最后一个你能掌握主动权的机会了，一旦到了美国，监护人就转为了美方家庭，国内也很难对美国发生的问题及时做出有效反应。所以，背景调查一定要做足。那么，如果调查做足了，飞过去却发现住家和描述里不一样，或者是有违规、不当的行为呢？这时候你要及时拨打当地负责人的电话，说明情况，碰到有责任心的人问题就很好解决了，但若是碰到像我那位一样的特殊情况，你就再往给他上一级打电话，打给大区经理，说明情况。如果真是倒霉像我一样遇到大区经理不靠谱的话，就继续坚持往总部打电话，或者向学校里老师反映，一个简单的道理：找到有责任心的管事的人并知会发生在自己身上的事和自己的想法。在这个过程中一定不能犹豫，惨痛的教训就是一旦犹豫迟疑，那么拖着受苦的只会是自己。当然，出现了这种大问题一定要告诉自己父母，也适当听取他们的建议寻求国内的帮助，但是不到万不得已，一定不要做出脱离交流组织然后自己回国之类的行为，这将对你留下一个不好的信誉记录，对未来申请美国大学的影响会很大。

无论什么情况下都不要抛开学校作业以及考试，一旦有了一个悲剧的成绩便会极大程度拖累你的大学申请。

交流对我的意义是重大的，这份经历让我体会了人情冷暖，学习了为人处世之道，开拓了我的眼界，丰富了我的知识，改变了我对许多事物的看法，比之前的自己变得坚强努力许多，也有了许多自己的人生感悟。这一段酸甜苦辣的历程可能会对我的一生都产生不可估量的帮助。

小 天 使

≡ 毛彦宁[2012～2013届交流生]

在交流的这一年里，给我印象最深的，也是我特别想感谢的是我的住家。我的住家只有一个女儿Sarah，6岁，上幼儿园。"住爸"和"住妈"都真正地把我当作他们的女儿来对待，让我们融入在一个幸福、温暖的四人家庭里。住家小妹妹Sarah善良纯净的内心也给了我很大的触动，我们之间的故事平凡而温馨，如同两个亲姐妹之间最普通的感情。

圣 诞 节

我小的时候也相信圣诞老人的存在，一直很感谢我的父母那样有心地为我的童年留下了永远美好、梦幻、骄傲的回忆。当来到这个在我们很小的时候就听说的拥有着童话般"白色圣诞节"的地方时，我一边盼望着再交流生档案：
姓名：毛彦宁
学校：Oakland Christian School，基督教学校
住家成员：住爸（Guardian玻璃制造公司的部门经理），住妈（大学是心理学专业，是一位counseller），住妹（上幼儿园，和我在一个学校）

感 言：
住家对我发自内心的关怀让我非常感动，也让我学会了去关心身边的人，不仅仅是表面的故作姿态，更是真真切切地站在他人的角度上体会；住家小妹妹Sarah的天真可爱、单纯善良也给了我很大的震撼，我会永远都记得她说过的那句话"I am out of breath, but I am not out of laughter."

一次体验童年时的那份纯真，一边期待着为住家小妹妹去保守这份秘密的美好。

窗外的雪花翩翩地飘下，安静地落入晒台外温暖的黄色灯光里，最后慢慢地融入地上厚厚的积雪中。我坐在开着暖气客厅里，看着"住爸住妈"和我一起装饰好的圣诞树，觉得这仿佛就是我自己真正的家。"住爸"和"住妈"在忙着把事先准备好的礼物从地下室搬到客厅的圣诞树下，大大小小的盒子每一个都用特殊的圣诞节包装纸精巧地包装好，可爱的贴纸上写着"来自圣诞老人"。我惊讶地看着圣诞树下堆满的礼物，虽然圣诞节的习俗在中国也家喻户晓，但是我们最多不过是在圣诞袜里塞满小物件，而眼前的景象着实出乎我的想象，让我体会到点点幸福。

小妹妹已经在楼上的房间里带着快乐入睡了。"Sarah觉得圣诞老人是真的吗？"我好奇地问"住爸"、"住妈"。"至少现在她还沉浸在圣诞老人的童话里，不过总有一天她会明白的。""住爸"回答。"我很希

毛彦宁与住妹

望她永远都不要知道真相"，我说。"我们也希望，不知道她会不会很难过。你是怎么知道圣诞老人只是个美好的谎言的呢？""好像是后来长大了慢慢地就自然明白了吧，不过我并没有难过，因为爸爸妈妈能为我编织这个童话已经足够美好。"

第二天清晨，Sarah小朋友兴高采烈地冲到我的房间来将我喊醒，拉着我的手跑下楼梯。她迫不及待地抱着那些几乎和她一样大的礼物盒子，撕开包装纸，眼睛里放着欣喜的光芒。我也打开"住爸"、"住妈"为我准备的礼物，装作它们是来自圣诞老人的样子，和Sarah一起分享着快乐。

真的很感谢住家能贴心地为我准备这个特殊的圣诞节，感谢他们给我带来和Sarah一样的惊喜与美好。

鸡 骨 头

我在家是独生子女，在我来美国之前，Sarah也是家里唯一的孩子。Sarah认为她的生活中多了一个大姐姐，可以随时陪她玩儿，随时照顾她；我认为我的生活中有了一个很可爱的小妹妹，我应该让她有安全感，让她信任，让她快乐。

刚相处的那几个星期，我们看似一对很合得来的好朋友、好姐妹，我们一起上学、放学，一起看电视，一起在Sarah装有123个毛绒玩具的地下室里大笑。可是一个月之后，作为独生子女的我们之间出现了一些没有预料到的小摩擦。比如当我试着帮她打开零食的包装袋时，她总是会躲开，转而向她的爸爸寻求帮助。一开始我并不理解她的行为，也没有好好地去分析问题的症结所在，只是草率地认为她在故意与我敌对，因此自然小心眼地在心里和她偷偷地架起了一座敌对的桥梁。当时的我却没有明白，那只是因为在那时的她的眼中，我的确是一个很好的伙伴，但却还不是一个值得信赖的、有能力的真正的姐姐，不是一个家人；而正如后面所经历的一样，只要坚持真心对待对方，时间都会慢慢地将那些波澜抚平、抹去。

　　一天晚上，我靠在Sarah的床上，拉着窗帘，开着一盏台灯，将她的头挽在我的臂弯里。Sarah蜷缩成一团，又大又亮的眼睛盯着我，脸上挂着微笑。"我爱你"，我看着小小的她，那天使般的脸庞足以让每个人的心融化。她举起一只手，在空中画了个大大的圆，用她那甜美的声音真诚地说："I love you all around the world and back."……

　　那天，我给她读她最爱的那几本故事书，于是就看到了这个词——chicken bone。"嘿，你知道什么是chicken bone吗，我可以给你看哦。"Sarah从抽屉里拿出一个塑料袋，挑出一个像弹弓一样的骨头说，"看，这头有两个分支，我们一人握住一个，然后分别许愿，最后同时向两边用力，获得留有下面支柱的分支的人，愿望就可以实现。"还没有想好，我们就志忑又满怀期待地开始进行这个小小的游戏。我赢了。我看着Sarah的脸，她的嘴角还挂着一丝笑容，心里很担心她会因此而沮丧。

毛彦宁与住家的合影

"我的愿望是……"我赶紧微笑着对Sarah说，"我的愿望是，Sarah可以实现她的愿望。"Sarah的脸仿佛被点亮了一般，她抬头看着我，略带羞涩地说："我的愿望是……我希望你可以永远和我住在一起。"

有时我觉得很愧疚，我会因为自己的事情而自私地拒绝陪她玩的请求，会因为小孩子一些天真的话而跟她闹别扭，会因为鸡毛蒜皮的小事情去怀疑她内心的那份亲情和善良。于是我很努力地去补偿她，去珍惜和她一起看迪士尼的动画片，珍惜和她在温暖的台灯下读书，珍惜和她一起坐在漆黑的屋子里用荧光板画她刚学的单词、画蓝天、画我们。

我一直以为自己已经很重视亲情，很重视感情；但是在碰到Sarah这个小天使之后，我才发现自己做得都不够多、不够好，我才明白"向一个小孩子学习"的含义。我永远记得那一次，Sarah气喘吁吁地奔向我们时，"住爸"说："Now it seems like you are out of breath."而Sarah带着纯真的笑脸说："I am out of breath, but I am not out of laughter."

家有萌宠

= 许弘臻

　　美国人喜欢养各种各样的小动物。在他们眼里，只要是体型小的动物都可以当成宠物，而且越新奇越好，从普通的小猫小狗到蝎子和蛇我都见过。

　　我在美国交流时的住家就养了两条狗、一只猫、一只乌龟、四条鱼。在圣诞节的时候，"住爸"、"住妈"又买了一只30厘米长的浅灰色蜥蜴作为孩子的圣诞礼物。小狗很可爱，一只叫Ken，一只叫Benson，听到"Sit"、"Turn around"之类简单的命令语就会坐下、趴下或者打滚。小猫叫Milly，很聪明且喜欢看电视，经常无拘无束地在房子里溜达，时不时跳到桌子或者柜子上偷吃点东西。记得我早上写作业时，它经常坐在身旁的椅子上打盹。至于蜥蜴，之前我从没想过这也能当做宠物养。每天放学回家，都能看到"住爸"很有兴致地喂它吃鸡蛋和水果。大概是因为这家伙能吃，住家给他起名叫Meat Head。有一次，"住爸"带了5只活着的小白鼠回来，扔进蜥蜴所在的玻璃柜里。强壮的Meat Head先把小白鼠追到绝路，然后一口一个吞下，围观的全家人都兴奋地欢呼起来。过了两个月，Meat Head渐渐变得很凶，有一次Milly在它的用餐时间去蹭饭，Meat Head便向Milly发起了进攻。它张开大嘴咬向了Milly的爪子，Milly突然跳开让Meat Head扑了个空。后来，那只猫有了个新爱好，经常趴在玻璃柜外面，向被关在里面的蜥蜴懒洋洋地挥舞爪子挑衅，每次都能让Meat Head发狂，撞得透明玻璃哐哐响。过了几个月，住家实在受不了蜥蜴的凶暴脾气，把Meat Head拿到宠物店换了一只不同种类的小蜥蜴。这只蜥蜴全身绿色，只有手掌大小而且很迟钝，但是会爬树。把它随手扔在窗帘上，它就会往上爬。于是，"住爸"经常把它扔在客厅的窗帘上不管，然后坐在沙发上看电视，晚上睡觉前再回收它。

喜欢养宠物算是美国文化的一部分，体现了美国人的爱心，也反映了中美文化差异。比如说，在中国很少有人像美国人一样同时养很多宠物，而且在这些形形色色的宠物中，有些在中国甚至不能被称作是宠物（有人养蝎子吗？）。总之，美国人比中国人更喜欢追求新鲜感，而美国式的宠物文化给很多家庭带来了欢乐和和睦。

是伙伴，也如同家人

＝ 曹格瑞

　　记得在申请住家时，我特意在"是否同意住家有宠物"那一栏打了个大大的勾。从小爸妈就不允许家里养宠物，第一怕脏，第二怕吵，第三怕影响我学习。再加上患有几乎人人都染上的过敏性鼻炎，养宠物的想法被深深埋在心里，而且每次一提就是一个否决。在美国的一年是我第一次和家养宠物长期的接触。

　　然而，一得知住家有三条狗，一只鹦鹉，我却有点一下子接受不了。连一只宠物都没一起生活过，如何能和这么多新的小伙伴一起，在接下来的一年时间里开心地共存在一个屋檐下？这个疑惑一直到见到这些鲜活的小生命时才解开。

　　住家的这三条狗，大小不同。　第一只狗叫Spencer，种类是大丹犬，本应光泽的棕金色，却因十二岁的高龄让毛发都没了应有的活力。体重有

交流生档案:
姓名：曹格瑞
学校：Chantilly High School，公立，弗吉尼亚州
住家成员：住爸（工程师），住妈（心理学医疗室）

感　言:
交流的这一年是珍贵、无可替代，对我一生都会有帮助的一年。我很难想象没交流过的我，去上美国的大学的日子。这一年让我认识到真正的美国，也对自己有了更深刻的了解。难得，必须珍惜。希望今后的交流生都能用宝贵的这一年为自己的人生加分！

七八十斤，真的像一个青年人一样，长相憨憨的，笨得可爱，一副清高的样子。第二只狗叫Sushi，名字是因"住爸"爱吃寿司而起，是一只黑色的贵宾犬。贵宾犬从来都不掉毛，而且性格温顺，对任何事物都充满了好奇。住家对这只狗的描述是"脑残加上可爱"，因为它虽然已是高龄，却总是在原地打转，在下楼时一定要跟人比谁更快。第三只狗叫Bear，不要被这个名字所迷惑，这是只小型犬，我记不清种类的具体名字是什么，但"Bear"是这个种类结尾的几个字母。必须低头才能看见它在地上蹿来蹿去，还经常溜到厨房找东西吃，还十分爱舔任何东西，丧心病狂地舔完地板又来舔我的脸。最后还有只鹦鹉，叫Ralph。简单的介绍你一定能感受到我对这只鹦鹉的评价：吵。周末早上八点半准时叫你起来，晚上有人不小心开了灯保证又叫，电视开着，它以为是陌生人来了又叫。而且不会讲话，只能在要食物时咕隆几句。我视此鹦鹉为上帝派来专门锻炼我抗骚扰的能力的使者。

每日的生活真的是缺少不了这些宠物，一进门所有的狗狗都会围过来，无聊时就跟它们讲话，挠挠这个，摸摸那个。抓住它们偷吃食物的现行大大指责一番，又在陪它们散步时比谁跑的快。在给它们弄食物时，还能体验到做神的感觉，指哪跑哪。最可爱的是当你累了一天从学校回来碰见沙发倒头就睡，醒来发现Bear躺在自己身上，Sushi和Spencer抬起头用刚睡醒的眼神看着你时，温暖。

住家因暂无小孩，所以视这些小生命为自己的孩子。不管它们是喝了马桶里的水，还是在地毯上上厕所，再大的错也只是嚷嚷几句，过一会儿又亲亲抱抱，嬉嬉闹闹的。但它们对自己的这些"孩子"很严格，在每次犯错误或将要犯错时都告诉它们，比如说，在垃圾桶盖上撒上胡椒粉，每次它们要抢别的犬的食物时都把他们关起来，不让它们追小动物，不吃太多人的食物。这些看似抑制天性的东西却让它们生活快乐很多。

然而在体验到这些幸福的同时，我也体验到了生死离别的痛苦。在十二月底，Spencer被诊断出脊椎骨出现了变形，导致它不能控制他的后半身，连上厕所都无法控制，上下楼梯更是折磨，十分痛苦。住家最后决定偷偷背着我带它去执行安乐死。那天我从学校回来开门没发现Spencer的身影，立即跑到楼下去看它的笼子，里面空空如也，只有一张"住妈"留下的纸条。想到最后一面见它时我还在跟它开玩笑，说你这只老狗怎么这么呆。我控制不住情绪"滴滴嗒嗒"了好久，"住爸"回来一直在安慰我，吃饭时无人说话，因为"住妈"也是红着眼睛。这是我人生第一次体会到宠物

曹格瑞与住家爱犬

在一个家庭中如此重要的地位。更加大的打击是，在仅仅三个月后，Bear的心脏出现了问题，无法提供足够的血去维持它可爱的生命，在四月一日的凌晨去医院的路上，它在急喘中断了气。如此大的打击让住家两个月内无法再提宠物之事。我也体会到了死亡的临近和生命的脆弱，珍惜眼前人。

可以说，宠物是美国不可或缺，不得不讲的一部分，它是美国文化的一个重要拼图，奠基了美国人的思想。在此之中，能见识并理解这个大洋彼岸的国家。

聚会与舞会

= 龚淑旻[2010~2011届交流生]

　　首先，美国高中生课余最普遍的活动就是私人小聚会，也就是我们俗称的party。这种party和我们在各种电影里看的也许不太一样，真实的party既没有丰盛的晚餐也没有豪华的party bus，至少我参加过的都没有这些。一般都是在同学家的地下室里打打X-BOX的枪战游戏，玩玩超级玛丽或者干脆来个电影马拉松。

　　我今年学期末的时候去了"住姐"朋友家的一个电影party，从中午十二点一直持续到第二天凌晨两点多。说实话我每次去这样的party，到最后都会有很虚脱的感觉。各种碳酸饮料和薯条以及同一系列（比如说加勒比海盗或者哈利波特或者星球大战）的所有电影在同一天连续进行。不是我夸张，到最后你真的有种"早知道是这样的话我就不去了"的想法。我和我一个越南朋友Cathy都不太喜欢这样的聚会，因为实质上就是在人家家里浪一天，有这个时间还不如出去逛逛街、吃吃饭什么的。可美国人不这么想，我"住妈"为了不让我在房间里看书，天天都想尽办法把我往别人的聚会上赶。我不去也得去了。

至于美国高中特有的prom（舞会）就要另当别论了。在我就读的高中，我们一年有三次舞会，分别是homecoming，WPA以及最后也是最重要的graduation prom（毕业舞会）。说到舞会就不得不说到女生需要的prom dress。当时出国前在国内左挑右选都买不到合适的裙子，而且价格也特别贵，于是什么裙子没带就这么跑出去了。一直到我们homecoming前一周我才把高跟鞋买好，之后比较幸运的是，我的裙子是在一次garage sale（二手市集）上用10美元买到的。"住妈"觉得短裙比较时尚于是就把原来看似婚纱裙的长裙改成了蓬蓬裙。结果去了舞会上大家还都挺喜欢。除了衣着上的讲究外，化妆也是很重要的一环。每次舞会那天中午，住家都会来很多"住姐"的女性朋友，大家会在房间里从中午一直装扮到晚饭的时候。洗澡、染发、指甲，再洗澡、吹发、卷发、脸妆，最后是首饰和鞋衣。

装扮好自己之后是夕阳余晖下的外景group pictures（合影）。美国那边无论男生女生都要有几张leg pictures，我琢磨着大家是纯粹为了好玩儿。照片是每次舞会的记录，在我看来是非常重要的一个环节，不过广大女性同胞比较受累，因为要穿着高跟鞋在泥土里走来走去的，弄不好鞋跟就给陷进去了……我就是典型。太阳下山以后就是丰盛的晚

交流生参加高中毕业舞会

餐，如果不在家里吃饭的话我们会选一家很讲究的西餐厅，一般大家都是自己开车去吃饭。男生是西装、领带、皮鞋，女生则是闪亮的晚礼服加优雅的高跟鞋，一行人就这么大摇大摆走进人家店里也不会有路人投来奇怪的眼神，反而都是赞赏和羡慕的神情。

晚餐会在正式舞会的前半个小时结束，在一天的准备工作之后终于等到了重头戏。说是舞会大家可千万别误会，可不是高雅的华尔兹什么的，其实完全就是Disco里面的那种很high的舞。我第一次去prom的时候心中的幻想就破灭了，不过会场里的chocolate fountain（巧克力喷泉）还有甜食还是不错的。根据各个学校的习惯不一，有些学校在prom之后还会有名为after prom的活动。我们学的graduation prom是有这样一个after prom的。这是一个以各种游戏为主的大型派对，一直会持续到凌晨三点左右，在赢得了游戏奖券之后还可以参加后续的抽奖活动。我当时中了一个烤面包机，由于自己没有烤面包片的需要于是直接送给同学了。结果那天是五点左右吃了早饭才回的家。要提醒的一点是，如果在prom之后有任何的活动的话一定要前一天晚上养足精神，否则，会在舞会进行到一半的时候就体力不支。

交流年里，游遍美国东海岸

= 姜安多[2012~2013届交流生]

在大农村享受生活——缅因州

本来我想美美地八月三十一号启程去美国，机构一个电话却粉碎了这个美梦。"八月三号必须走，你是第一批。住家让你早点去。"机构老师用淡定的声音在七月末梢给了我一个晴天霹雳。

几天后，从飞了三十几个小时的飞机上下来，跌跌撞撞刚见到住家，他们接过我的大箱子、小箱子笑呵呵地说，"我们几天后带你去缅因州度假哦！"连连说了几句谢谢后，突然又一道闪电从我脑中劈过："敢情住家让我这么早来是为了带我去度假？"原来，每年八月份去美国东北角的缅因州度假是住家的传统。带我一起去也是把我看成他们家的一员吧。

交流生档案：
姓名：姜安多
学校：The Mary Louis Academy，纽约
住家成员：住爸（地检侦探），住妈（家庭主妇），住姐（12年级）

感　言：
我和住妈依旧保持联络，她在邮件里大到家里重新装修小到今天小狗又偷吃了猫的食物，什么事都跟我说。一年的相处，我的回国并不是我和住家故事的终点。这次我走到了纽约，下次还会走到更远。但是无论多远，无论国界，无论民族，人与人之间真诚相处永远是最宝贵的，最难得也是最永恒的东西。

　　缅因州在美国东海岸的最北方，据说是以龙虾和寒冷而闻名。说实话我从来没想过自己会来缅因州，不过交流这一年就是这样处处充满未知和惊喜的。缅因州人口很少，景色不错，是个很好的度假胜地。住家与邻居一家每年八月都要在缅因州一个小湖旁的营地呆上两个星期，享受下宁静的日子。但是由于这次"住姐"有暑期工作，我们将只住一个星期。由于住家天天生活在嘈杂的大城市，宁静安逸的乡村是他们度假最好的选择。

　　从纽约开车到缅因州的营地理论上要七个半小时，但是由于下雨，"住爸"开了近十二个小时车才到达目的地。到达营地后，已经是午夜，除了想睡觉什么都不想做。我们的小木屋是营地最大的一个，"住姐"也是第一次入住，她大呼比起其他的木屋，我们这个简直是公寓级别。虽还是夏日的八月，但在北方的乡村，天气算是蛮冷的，又加上下雨，由于忘带被子，我们瑟瑟发抖地度过了第一夜。

第二天，"住姐"带着我在营地转了一圈，了解下情况。这个营地有六个小木屋，紧紧靠着小湖。营地建在树林里，到处都是高大的树木，遍地散布着从树上掉下来的坚果。当然还有很多昆虫和我见都没见过的奇怪小动物。除了池塘中有各式各样的小鱼，在池塘对岸的大树上，还有美国标志——白头雕的巢。生态极好，心情也跟着好起来。

晚上，雨停了，我们在水边住家邻居Ruth的木屋旁燃起了篝火，准备晚饭。明亮的火光吸引了营地里另一批来度假的一家六口。其实除了我，大家彼此都很熟，都来自纽约，每年都要来这里小住两三个星期。他们都是很有意思的人，也很热情。听说我是来自中国的交流生，另一家的爸爸还秀了他学会的几句中文。Ruth的丈夫倒是对"恭喜发财"这句话很感兴趣，让我教了好几遍，说是以后新年时可以用。大家在湖边烧烤，食物铺满整条木桌。虽然雨已经停了，但是坐在水边还是会有冷风冷不丁从背后袭来，还好有篝火的热度。但有时一边是热火，另一边是冷风，就像冰与火之歌一样。

接下来的一周，别的没做，就是安安静静地享受度假时光。在营地的这几天，没有网络、没有太多的人，就像是置身于世外一样。我常感到回到纽约定要上演"到乡翻似烂柯人"的戏码。这里的日子不过是每天钓鱼，坐游艇，吃，喝，与别人聊天，读书，听音乐，无压力无负担。四个字概括，享受生活。这样轻松的度假生活，正式开启我的精彩交流年。

缅因州的湖畔度假区

摩登都市中的小惬意——曼哈顿

我的住家在纽约市的皇后区，离曼哈顿如果不堵车也就二十分钟的车程。有人总认为曼哈顿就是纽约，实际不然。纽约，作为世界上最大的城市有五个区。曼哈顿、布鲁克林、布朗克斯、皇后区、史泰登岛。每个区都有自己的特色和历史。不过高楼大厦各色景点云集的曼哈顿肯定是游客游览的第一目的地了，庸俗的我也毫不例外，来纽约定去曼哈顿。

　　不过我跟曼哈顿的第一次亲密接触地点竟然是牙医诊所。从缅因州回来的第二天，"住妈"一早就神色紧张地起了个大早，准备出门前回头悠悠地问我："你陪我去看牙医好不好？"反正也没事做，我就随手拿了本书，跟着她出门说："好！""住妈"像是找到了救星，立刻拉着我钻进了车。"住妈"一边开车就一边唠叨她这个牙医诊所怎么怎么烦，每次去都要花上三四个小时。车开着开着就进了林肯隧道。我说"这牙医诊所好远，还要进隧道，在山的另一边吗？""住妈"猛一刹车，转头跟我说："是海的另一边，曼哈顿啊！"原来我们从皇后区一路过海要去纽约大学牙医学院附属的牙医诊所。

　　"住妈"明明是怕一个人孤独来看牙医，还美其名曰说是带我这个国际友人看看曼哈顿。她以前是曼哈顿东区的片警，对曼哈顿已是熟得不能再熟。一路上，她特意绕了几圈带我看看纽约大学附近著名的大楼以及公园，还在唐人街和小意大利外面带我转了一圈。从林肯隧道出来后，我就看到与住宅区、公园和墓地居多的皇后区极为不同的景色，到处都是排列整齐的高楼大厦，密密麻麻、古色古香中又透着时尚的气息。果然是世界闻名的摩登大都市，我被深深震撼了。在纽约大学呆了四个小时的"住妈"捂着红肿的半边脸气呼呼地开车带我回家，顺便过了一下时代广场。正是黄昏的最后，夜晚的时代广场也开始上演一如既往的五光十色。各种大到令人发指的LED屏幕上各种动态广告夺人眼球，周边来自世界各地的游人也和我一样，仰头看着所有超炫的屏幕，叹为观止。

姜安多在纽约洛克菲勒中心

后来住家又带我来曼哈顿玩过几次。我们去过中央公园、自然历史博物馆、华盛顿广场、帝国大厦等等。一开始还是别人带着我去，渐渐混熟地形后，几个月后我带着一张地铁和公交的地图就能大胆出行了。这时的我开始和同学自由地在曼哈顿闲逛，我们俩曾自己坐地铁到大都会博物馆，一起完成历史老师布置的加分作业；又一起走过第五大道，走过莱克星顿大街，游览现代艺术博物馆，在特朗普大厦里喝咖啡，感受着摩登都市独特又丰富的文化和历史，还有那四处弥漫，抑制不住的小惬意。

开学后的修学旅行——波士顿

我在一所教会学校念11年级。本来以为会很紧张的一学年，没想到以一次轻松欢乐的波士顿修学旅行开始。修学旅行是接待学校的传统，短短四天三夜的旅行我们将围绕历史和宗教为主题，游历美国历史名城波士顿一圈。

我们在波士顿参观过独立战争时期的很多建筑，还有殖民地时期的不少遗迹。令我印象最深的还是波士顿周边一个叫Samel的女巫小镇。Salem就是著名的"女巫审判"发生的地方。就是在这个地方，无数无辜的村民被指控犯女巫罪而被处刑。小镇上有一座很大的博物馆纪念女巫审判的受害者和这一事件。我的很多美国同学曾经在10年级英文课上读过一本名为*Crucible*的关于女巫审判的书，所以她们都对这事件很是了解。我曾听闻过这事件但不了解详情，来到博物馆参观完陈列后明白了很多以前觉得不解的问题，也学了很多关于美国建国前混乱的殖民地时期的知识。

随后在美国陈舰陈列港、老教堂前，随行的老师为我们介绍了这些老建筑的历史，还有相关名人的小故事。当然，我们也去了波士顿极负盛名的商店街、公园以及其他很多游玩的地方。大家在一起吃一起住，与新同学相互交流理解的机会很多，我也结交了很多的新朋友。

修学旅行的目的是让我们在紧张的11年级前有一段放松和调整的机会，也让我们在在游览历史名城的过程中学习很多平时在课堂里学不到的知识。在和新同学、新老师亲密相处的短短四天中，我很快融入了接待学校11年级这个新群体中。所以，当交流学校有修学旅行这一活动时，我建议交流生们要积极报名，因为得到的要比你期待的多得多。

感恩节的火鸡盛宴——北卡罗来纳州

不知不觉已到了感恩节，又要迎来一次和住家一起出游的假期。受邻居Ruth的盛情相邀，我们要到她在北卡罗来纳州的房子去过感恩节。感恩节假期只有一周，我们在路上的日子就要两天，所以"住妈"特地帮我和"住姐"向学校请了两天假，提前开车南下到北卡。在地图上北卡好像在美国东海岸中间部分，实际上从纽约开到北卡还是要大概十二个小时，因

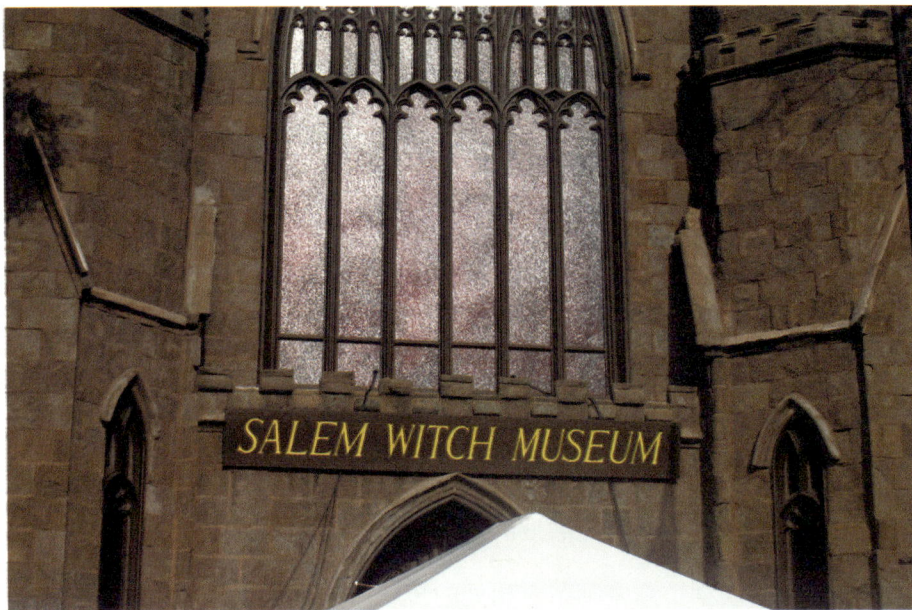

女巫小镇博物馆

为纽约的位置太北了。我们凌晨出发，带上狗，从曼哈顿岛横穿回到美国主大陆一路南下，穿过新泽西、宾夕法尼亚、西弗吉尼亚、弗吉尼亚、田纳西，最终在午夜之前抵达了位于北卡罗来纳州一小山上Ruth的住所。虽然和缅因州一样，Ruth又住在了人烟稀少的地方，不过她的房子附近有很多人家，并且紧靠着一个设施完整的悠闲小镇。

第二天就是感恩节，一大早Ruth和"住妈"就开始忙活起来准备晚上的火鸡盛宴。Ruth准备了一只比我头还要大的火鸡，放在池子里解冻。Ruth说她最喜欢的节日就是感恩节了，比起圣诞节礼物是重点，感恩节美食才是真正的主角。"住爸"和"住妈"到镇子上的超市去买零食和饮料，"住姐"跑到隔壁Ruth哥哥家蹭网赶着感恩节特价网购衣服，我留在家里，给Ruth做帮手。

我帮着Ruth切苹果，剥核桃。Ruth说做苹果派和核桃派是过感恩节的传统。我看着Ruth卖力地和面，把面饼切成一条条，交叉放入一个已盛满苹果或是核桃的底盘中，撒上肉桂粉还有些我不知道名字的香料，再把盘子放进烤箱，然后就静候苹果派和核桃派的诞生了。接下来，"住妈"回来也加入了火鸡宴的准备。我以为她们会像麦兜妈妈一样在火鸡里塞满各种青豆或是胡萝卜的馅，结果她们只是简单地把火鸡擦擦，撒点香料就放进烤箱了。"不用在里面加点东西吗?"我问。"不用，原汁原味最好。"她们这样回答。

又忙了几个菜，等人全部来齐，菜全部做好，不过才下午三点。"好! 开饭!"Ruth带着有火鸡样式的烤箱专用手套，把热气腾腾的火鸡从烤箱里端了出来。一瞬间，火鸡浓郁的肉香弥漫了有些清冷的山中小屋。大火鸡身上的丝丝白气慢慢升起，笼罩着整个房子。四只狗流着口水"汪汪"叫了起来，人们也热热闹闹吃了起来。大家围绕坐在一个大圆桌旁，丰富的食物摆在旁边的小方桌上任人自取，各家的狗也贴在各自主人身边盼望主人能掉下一口肉来。大家相互祝福，挨个发言表达自己对其他人的感谢。"谢谢大家接待我，还有Ruth和大家给我这样一个难忘的感恩节盛宴!"轮到我的时候，我站起来这么说。"住妈"立即站起来和我拥抱，说"也谢谢你给我们带来很多快乐！"

晚上，我们一行吃撑的人在附近的镇子上散步，正好迎来镇子上两颗百年松树的点灯仪式。"住妈"说，感恩节过后就是圣诞节了，这两棵树其实是圣诞树，点灯也是为了迎接一个月后的圣诞节。随着两棵树上绚烂的霓虹灯一一点起，周围的人欢呼起来，既是庆祝感恩节，也是期盼圣诞节的到来。

一月交流生聚会——佛罗里达迪士尼乐园

AYA机构每年一月左右会把分散在美国各个角落的交流生们聚集在一起，去佛罗里达迪士尼乐园活动。一开始我是不怎么想去的。因为正好我有期中考试在那日程之后，时间上的尴尬让我想放弃这次机会。但是我爸妈还有住家都支持我去。住家说"佛罗里达的迪士尼是最初的那个，一定要去。"我爸妈说"有机会和来自世界各地的交流生们见面，一定要去。"两边都这么说，弄得我真是非去不可。现在看来如果我当时没有去，一定后悔不迭。

迪士尼乐园很好玩，但是和其他交流生在一起的时光更加难忘。我第一次亲身与来自世界各地有着不同面貌、不同文化、不同语言的同龄人共聚一堂、互相交流，感受深刻。我们中不仅有东亚面孔的交流生，还有欧洲、非洲，更有占总人数三分之一的中东地区的交流生。原来，AYA所属机构为了在"911"后促进美国和中东地区的友谊，特地开展了"YES项目"，专门组织来自中东的交流生来美学习交流。和我分在一组的十一人中就有四位来自突尼斯、埃及和也门。大家见面时都很开心，我们互相了解各自国家的风俗和语言。我了解到虽然中东地区的国家几乎都说阿拉伯语，但每个国家都有自己独有的口音和用词，就像中国人都说汉语，但各地都有方言一样。我以为埃及和突尼斯的交流生用一样的阿拉伯语聊天，没想到突尼斯的Nadia后来偷偷跟我说埃及的Mohammed有着很浓的开罗口音。我和突尼斯的Nadia是室友，我向她学了很多日常的阿拉伯语，学怎么用阿拉伯语写我的名字。她也很积极地跟我学中文。

我还和同组其他两位来自德国的女生Nora和Kira成为了好朋友。搞笑的是，同样身为德国人的她俩在一起时却总用英语交流。她们说，再这样下去会不会就把德语忘了？另外来自喀麦隆和其他两位来自非洲的交流生与我们关系也很好，我也因此听到了原汁原味的非洲民谣。

令我印象最深的，是每天晚上在酒店会议室大家交流想法的时候。每天都有不同的主题，主办方针对"对美国的印象""你自己的适应""文化的交流和冲突"为主题向交流生们提问。很多交流生快乐地在台上讲述自己和住家怎么友好相处，还有交流年的开心瞬间。但是也有很多来自中东的交流生勇敢地站在台上讲述交流生活时当地美国人对他们的偏见和歧视。"希望他们以后不要总认为我是恐怖分子，我真的不是。"一个来自也门的交流生难过地说。也有人用轻松地语调说着"希望大家以后不要再问我是不是带了炸弹。"大家虽会被他的语气逗笑，但随后却是沉默和静思。我虽然没有亲身感受，但是相信中东同学们所受的歧视和偏见，肯定很伤他们的心。由于前些年来自中东极端组织对于美国的恐怖袭击，不仅让美国人受伤，也让这些来自中东的无辜学生的心灵蒙上了阴影。我真心为他们感到难过。不过看到他们一个个并不开口闭口怨美国人，依旧开心地和住家还有在校的同学相处，我敬佩他们的坚强，在心里也为他们加油。

在佛罗里达的时间并不长，四天后大家也匆匆搭上不同方向的班机回了住家。我和我来自世界各地的朋友们相互留了邮件，约定常联系。佛罗里达之行，不仅让我在交流过半时好好放松了一下，也让我见识到其他交流生的情况。在这交流生盛会中，我感受到了来自不同国家和地区的文化，也让我感受到世界文化大融合的希望和趋势。

交流生的一年充满惊喜和收获。我无比幸运在交流这一年拥有这么多机会可以游览和探索。交流这一年，换了生活场所，换了身边的人，也换了我们的视野。我在这一年中看到了许多以前不可能看到的景色，走过很多以前肯定没有机会走过的路，认识了不少从没想过有交集的人，遇到了从未料到的事。我也渐渐成长，变得更独立，更了解我所生活的世界，眼界更宽，也更有担当。所以，我诚心建议未来的交流生们，一定要抓住机会、珍惜机会，不要在这终生难忘的一年中留下遗憾。

Chapter 4

大熔炉

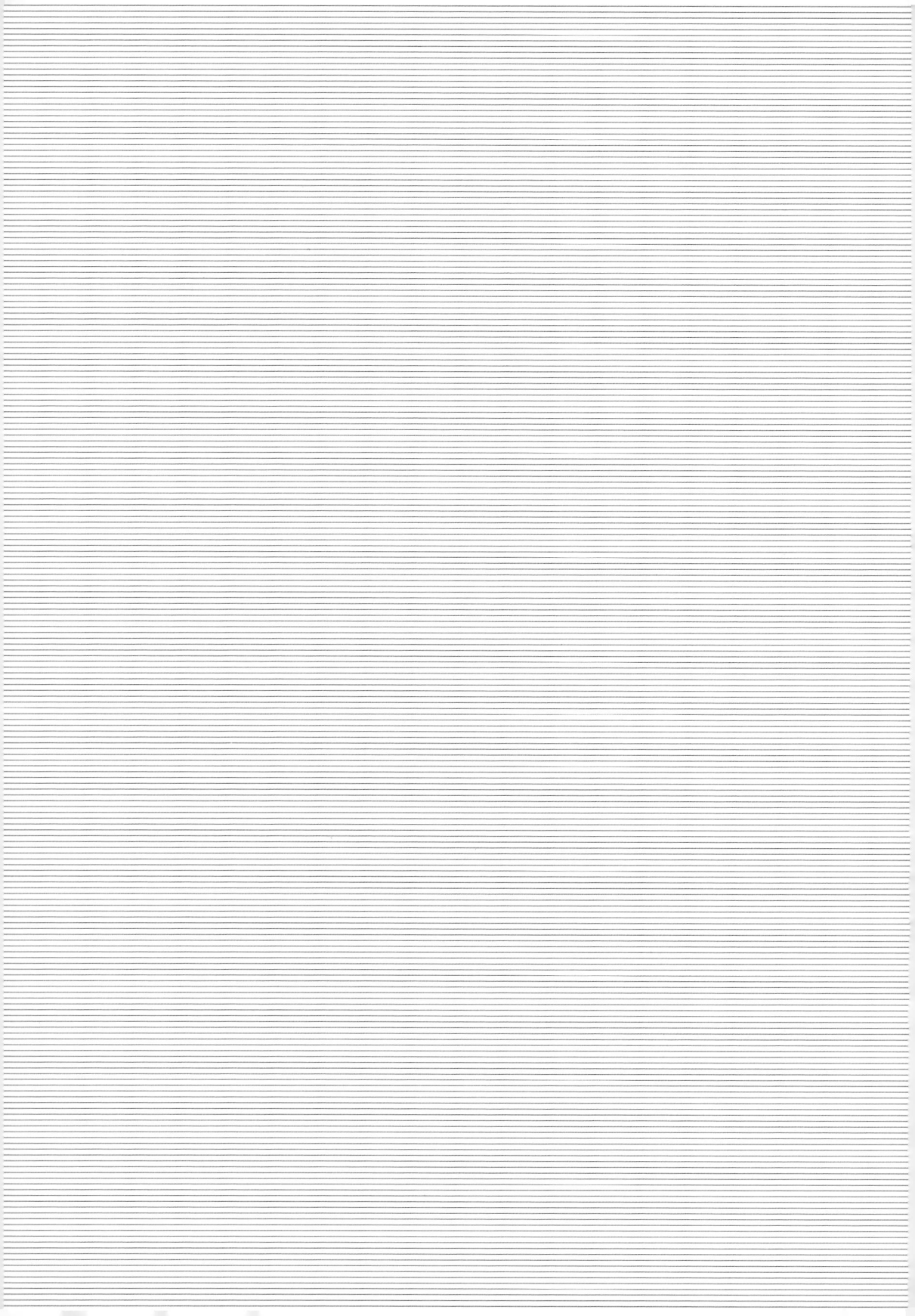

疯狂的热爱

= 张昊威

　　一提到美国，让每个男生都热血喷张的自然是美国那狂热的体育氛围。篮球、橄榄球、棒球……数不清的体育活动每天在学校中进行，给我的美国交流生活注入了无穷的活力。

　　在美国这十个月里，我有幸参加了学校的足球队、篮球队，也对各种体育运动都有了一些了解，比如美国的冰球、匹克球、板球之类的，让我感触最深的无疑是体育运动的多样性和美国学生对体育的热爱。

　　提到美国最流行的体育运动，自然是橄榄球了。从来不曾看过橄榄球的我，和韩国室友赶上了赛季的尾巴，欣赏了两场我们学校的橄榄球比赛，或许是我们的气场太强，之前战绩全负的我校居然连续两场大比分打败对手。当时那火爆的场面，旁边同学家长嘶喊的加油声，拉拉队的鼓励声，让我深深体会到了美国人对橄榄球的疯狂。

橄榄球比赛

校内篮球比赛

刚去美国一个月不到，我就和韩国室友参加了旁边一所中学的足球队。一开始我以为就我这半瓶子水的足球水平或许可以在这个足球不发达的地方混得好点，可没想到足球队里的队员一个个生猛得很，随便拉出一个都可以完爆我几条街，尤其是他们的足球战术素养，非常了得。看着他们娴熟的配合过人，凶猛的拼抢，激烈的身体对抗，我突然意识到国内足球水平即使和这个足球不流行的国家相比都有很大的差距。还记得有一次教练让我们跑步，看着队友轻轻松松绕着正常的足球场跑了十二圈，而我还在后面努力挣扎，顿时感觉到身体素质方面的差距。

因为我很喜欢篮球，平时在国内也经常打篮球，所以到篮球队选拔的时候我就厚着脸皮参加了，结果很明显，我被无情地刷了下来。不过记得某个人说过，上帝关上了一扇门，却打开了一扇窗，机缘巧合下我被教练录用当了篮球队的经理。说到篮球经理，我的任务不像听起来那么厉害，只是去给每场比赛录像，所以不管主客场比赛，总是有我的身影。还记得当我们队进球的时候，不管精彩与否，我都会怒吼道："Oh yeah, just like that!"（好样的！就这么干！）还记得每次当对手罚球时，我总会念叨着："You suck, dude!"（你不靠谱，老兄！）虽然这一切被录在了摄影机里，教练也经常用这个跟我开玩笑，但就是这份经理工作，把我和学校篮球队紧紧绑在了一起。回想起最后篮球赛季结束后的庆典，我第一次从幕后走到了台前，耳边还环绕着主持人慷慨激昂的介绍，我仿佛荣耀光环加身，那时的心情无比激动，是这支篮球队，让我贡献出了自己的一

张昊威穿着校内篮球队服

份力量；是这支篮球队，充满了我和同学们的欢声笑语；是这支篮球队，让我的美国之行更加的多姿多彩。

　　除了篮球和足球，每天必上的体育课教会了我很多新奇的体育运动。我很享受当一个冰球守门员，站在门口像个门神一样，把冰球当足球一样从我的区域里踢走；谈到乒乓球，我从未想过相当一部分美国人竟然对乒乓球如此狂热，很多朋友，甚至老师都向我发出挑战，然后都被我一一斩落马下。在"中德对决"中（同校的还有个德国交换生）压倒性的胜利让我记忆犹新，到现在我还记得他们看见我抽球时那副惊呆了的样子；还有各种运动比如Mat ball，Home ball，Pickleball，都是基于棒球演变过来的，我还记得自己得了Pickleball比赛的第一名。数不清的体育活动充斥着校园内外，给我带来了无数的欢乐。

　　美国人对于体育的热爱已经深深地融入了他们的文化之中，当一个交流生，一定要亲身体验美国人对体育运动的疯狂，为自己短暂的交流经历添上浓墨重彩的一笔。

美国人的体育精神

= 曹格瑞

人人都说美国是个体育大国。但为何大？如何大？这些恐怕没有几个中国人能真正地了解和体会到。我甚至可以说，无法想象。

去美国之前，我对这个国家的体育已有一小部分的了解。美国的体育已经一定程度上大大地影响到了我国，举个最通俗的例子：NBA。科比、韦德、奥尼尔，随便一个在中国都能找出一大批粉丝来，并且不容忽视的是，大学、中学、小学都会有这个运动身影。一到住家我便向其表达了想参加当地高中篮球队的想法，他们立即便载我去学校的体育部问询情况，当第一次与美国高中体育，也是最平民、最基础的体育层面接触，就有了十分震撼的印象。

教练首先给我一张这个学期不同季度，不同体育项目的时间安排表。一个学期分三个体育大季度，分别是秋季运动，冬季运动，夏季运动。秋季运动主打football（美式橄榄球）,cheerleading（啦啦队），cross country（越野马拉松），Mighty Marching Chargers又名 Marching band（游行乐队，配合橄榄球赛季），Dance team（舞蹈队，配合橄榄球赛季主要），Gymnastics（体操），这两项是每年学校大项，在之后我会有详细的说明。冬季运动有Basketball（篮球），Swim ＆ dive（游泳和跳水），Wrestling（摔跤），Ice hockey（冰球）。春季运动的项目较多，Soccer（足球），Lacrosse，Field hockey，Golf（高尔夫），Baseball（棒球），Softball（类似棒球，女生的棒球运动），Tennis（网球队），Track ＆ field（田径队），Volleyball（排球）。可以说各种体育都有，都是需要刻苦的练习并以拼了命的精神去战斗。每项体育都分为不同级别，分别是freshmen（九年级），junior varsity-jv（十年级，十一年级，可以说是Varsity的预备队），varsity（精英，但绝大多数是十二年级）。每个队有不同的教练和体能训练师，受到学校的高度重视。

以我成功入选jv basketball的例子来说，在有资格参加试训之前，第一件需要做的事是去医院体检用作证明以及写保证书，确保对伤病负责以及无先天性影响运动的疾病。之后会开始漫长和魔鬼般的赛季前拉练，我们的教练制定的计划是这样：星期一到星期四每天放学后会进行2 miles（3200+meters）的长跑或分段冲刺，跳跃训练，核心力量训练，耐力训练和健身房增肌训练；星期五一大早6点体育馆开门为我们提供训练场地，投篮，比赛。整个过程教练都会参加并观察每个人的情况，然而最让

曹格瑞与篮球队队友

我佩服的，是每个参训同学认真、拼命的态度，绝不是嬉戏打闹、耍酷的感觉，每一个训练动作都要求自己做到极致，这就是美国的体育精神，最根基的，从高中就开始形成。

感恩节前后会举行试训，每个参训的人会穿上一件白背心，上面用马克笔写上各自的编号。整个试训为期三天，每天去掉一些，最后剩十五名同学，我很荣幸也很幸运地被教练留了下来。在确定了队员后，教练会联系赞助商定制队服，拍照片，再根据每人的特点制定不同的战术。在这个赛季，教练更强调的是炮轰和压迫式的防守，于是在每天放学我们都会在体育馆练习战术和熟悉队友。尽管只是高中级别，每场比赛却十分职业化。每个球员在更衣室拥有自己的更衣柜，并配有冲淋，及治疗设施。比赛之前大家都会围在一起，在最有资格的队员领导下，调整气氛。唱完美国国歌后，主持人一一介绍首发队员，并开始比赛。 每个运动员的装备都很齐全，从篮球袜到热身服，甚至球衣下的防护服都是有要求的。每两场比赛，教练还要求队员冰浴，缓解肌肉的酸痛。

美之美食

= 沈　翀 [2010~2011届交流生]

【主食】cornbread 玉米糕

cornbread是在蛋糕和面包之间的存在，一般带咸味，与mashed potatoes共食。节假日食谱会有不同的cornbread品种。

【主食】macaroni cheese

通心粉与芝士融合，口感润滑，是最普遍的家常菜之一，在学校食堂、家里、餐厅里都不乏它的身影。

【辅菜】turkey & ham 火鸡&火腿肉

不用说，感恩节的必备。往往火鸡会由家庭里力量较大的男性成员切片，并与火腿肉一同上桌。

【辅菜】barbecue beans/baked beans 烤豆

香郁的烧烤酱加上糠浆，小片sausage（香肠）与红豆熬制成的美味是感恩节季最受欢迎的美食之一，每次都让人意犹未尽，想再来一盘。

【甜点】brownie 巧克力布朗尼

糕点中的经典，可口的巧克力粒嵌在香郁的蛋糕中，略有酥脆的表面更是增加质感。有湿度较高，也有口感较干燥的品种。

【甜点】cheesecake 芝士蛋糕

这就不需要多介绍了吧，芝士蛋糕在全球都享受青睐，重芝士浓郁芬馥，轻芝士入口即化。在超市也能常见如New York Cheesecake（纽约芝士蛋糕）。

【甜点】muffin 纸杯小蛋糕

最常见的是blueberry（蓝莓），banana nut（香蕉仁）或chocolate（巧克力味道的muffins）。在超市里snacks（甜点）专列也有盒装的muffins。

【甜点】pies派

apple pies（苹果派）和pecan pies（核桃派）是在圣诞节时在餐桌上经常出现的甜点，此外peach pie（蜜桃派），key lime pie（青柠派）也是较常见且受欢迎的。

【甜点】carrot cake 胡萝卜蛋糕

绞碎成颗粒状的胡萝卜给香甜柔软的蛋糕增加了质感，即使不喜欢胡萝卜的人也不用担心，不仅没有一丁点胡萝卜的味道，cinnamon（肉桂）还给蛋糕加入了温暖心底的香气。

品种丰富的甜点

icecream pancake的 "冰火两重天"

【稀奇类】Peanut Butter Jelly Sandwich花生果酱三明治

稀奇是较之国内来说的，花生酱和果酱放在一起吃听起来甚是奇怪，但在美国却是非常常见的，甚至还有专门的快餐店专门卖Peanut Butter Jelly Sandwich。

【稀奇类】Banana Mayonnaise/Peanut Butter Sandwich香蕉蛋黄酱/花生酱三明治

香蕉也能做三明治，稀奇吧？更稀奇的是香蕉三明治的味道也及其美味，香甜的香蕉切成薄片铺在涂好柔滑的蛋黄酱或花生酱的吐司上，口感大赞。

【甜点】donut甜甜圈

非常受欢迎的小吃，最常见的是巧克力味或者洒纯糖粉为衣。糖衣下松软的面包圈毫不逊色，再喝上一口热热的牛奶，作为早餐或是点心都是一种享受。

【零食】Granola Bars 燕麦棒

非常便捷，可以随身携带，在运动前后补充能量的零食。有chewy（较有嚼劲）和crunchy（较脆）两种类型的Bars.味道常见的有巧克力和蜂蜜。

【特色食物】French Quarter

新奥尔良的美食多少有些法国风味，在法国区（french quarter）有家叫Café Du Monde的小咖啡馆，一家极为平民化的小吃店，每天人都爆满，不论是白天还是深夜，23小时营业。这家除了香浓的法式咖啡牛奶和泡沫细腻的拿铁咖啡之外，还有特别的法国甜点小吃Beignet（大概两美元可以买三个）。

这种正方形用热油深炸的面食虽然据说是甜甜圈的一种，可口感更像中国的油条。不过这上面撒着厚厚的糖粉，吃的时候要先在盘子里轻轻磕一磕，去除多余的糖粉，然后屏气凝神慢慢品味。咬的时候不要妄想边吃边说话，小心糖粉被吸进喉咙里呛得直咳嗽。这家已经营超过百年的老店是新奥尔良的象征之一，可以说如果没来这里喝咖啡吃Beignets，就不算来过新奥尔良。朋友的父母总是给我买一些Beignets。总而言之这是很可爱的一种小吃。

美国热门音乐

＝ 沈　翀

【Pop 】

单是流行音乐也风格无数，用歌手来分别归类相对清楚一些。现在全球巨红的Bruno Mars自从一曲*Nothing On You*走红之后，Hits（打榜歌曲）频出：*Just The Way You Are*，*Grenade*，*Today My Life Begins*等，专辑中的*Marry You*和*Just The Way You Are*还被红剧*Glee*在同一集内连续翻唱。最新的*The Lazy Song*凭借朗朗上口的旋律和放松幽默的歌词以及搞怪的MV再次人气无敌。

说到人气，Lady Gaga即使在风格特异这条路上越走越远，总是目光焦点。*Born This Way*和*Judas*等新主打歌MV更是在造型方面更加出位，而激励人们即使不能与主流相符也要坚持自己的歌词，使其一举夺得当时Billboard冠军之位。

　　而现在排在冠军的则是Adele的*Rolling In The Deep*，现年仅21岁的英国实力女唱将在19岁时就凭借*Chasing Pavement*夺得格莱美大奖，未来发展不可小视。同样来自英国的Jessie J则是从实力编曲转为歌手，一曲*Price Tag*招来好评无数，专辑*Who You Are*也因此走红。

　　再来谈谈另外的小天后Rihanna和Katy Perry吧，现在这两人也是人气极高，红遍全球。Rihanna自*Take A Bow*之后，又和Eminem合作了*Love The Way You Lie*，之后出了*Only Girl*，*What's My Name*和*S&M*等在电台上播放频率极高的歌。而Katy Perry则是从*California Gurls*起步，*Teenage Dream*，*Firework*人气稳定、步步上升，最新单曲*E.T.*走的是外星人风格，也成为热门舞曲之一。相比起上面两位女性化的风格，Pink走的则是朋友帅气的中性化，*Raise Your Glass*和*Fucking Perfect*风格豪爽霸气。

　　接下来的歌手与众不同，因为他并不是一个人，而是整个*Glee*的主演们。Glee Cast所出的歌屡屡排到Billboard前二十，除了翻唱以外，最近的原创歌曲*Get It Right*，*Loser Like Me*，*Pretending*和*Light Up The World*也势头非凡。

　　最后来说说青少年偶像Selena Gomez，现在Justin Bieber的女友，她和The Scenes乐队合作的曲子*Naturally*，*Round And Round*，*A Year Without Rain*和最新单曲*Who Says*都获得了高人气，再加上小姑娘在Disney Channel现在基本混成了一姐，更可谓前途无限。

美国摇滚Live现场

【Dance】

在美国舞曲往往人气上升得非常快速，一般Billboard前十大部分都是在俱乐部里面常放的舞曲，如*Cupid Shuffle*，*Bottoms Up*，*Black N Yellow*，Jennifer Lopez的新歌*On the Floor*，黑眼豆豆的*Just Can't Get Enough*，Britney Spears的*Till The World Ends*，Kesha的*Blow*和*Tik Tok*，以及最近的人气曲*Down On Me*. 在此还要提到美国的舞蹈，刚在Homecoming Dance的时候见识到美国青少年是怎样热舞的时候，我的确甚是尴尬。有些动作尺度很大，很是让人脸红心跳。

对于这种Booty Dancing，一般来说如果不是很熟的人作为舞伴或者觉得难受的话，同学们可以找个理由出舞厅用洗手间或者吃点东西就好了。

【Country】

乡村音乐在全国，尤其在南部可谓是十分受欢迎。乡村音乐的经典形象是脚蹬皮靴，头戴牛仔帽，手握吉他，歌词十分贴近生活，幽默有趣。广受青少年欢迎的Taylor Swift以乡村歌曲见长，而美国偶像American Idol当年出的大美女Carrie Underwood也是一乡村音乐大户，有*Before He Cheats*，*Mama's Son*和*Home Sweet Home*等名曲。除*Country Girl*，*Old Alabama*，*Farmer's Daughter*等经典之外，*If I Die Young*和*Need You Now*等带有流行风的乡村歌曲也是广受欢迎，尤其*Need You Now*还非常争气的夺得了格莱美大奖，证明了这是Country Generation（乡村音乐的时代）。

以行动正名

= 俞沁悦[2010～2011届交流生]

　　昨天晚上和姐妹们彻夜谈心，四个女人一台戏，从学习到男生，从小清新到限制级全都讨论过了，Gracie突然说到了夏天学校里那些Hispanic girl（拉美裔女孩）穿衣言行，然后另外两个女生都一副极度鄙视的样子。我当时心想你们为啥要鄙视她们啊，不就是夏天穿的少了一点，讲话声音大了一点，成绩差了一点么？我还没鄙视你们呢！

　　于是我举手提问。为啥你们不喜欢她们？你们这样是歧视么？是的吧，你们是邪恶的种族歧视吧？种族歧视在这里是个大问题，社会学、历史课上我们天天听的就是segregation（种族隔离），discrimination（歧视），racism（民族主义），minority（少数族裔），hate crime（痛恨犯罪），学校里白人和其他人种是三比二，作为一个外来人员，我对这个概念不是很清楚。反正也没人当着我的面说过什么不好的东西，也没有人表现得看不起我——开玩笑，别说一堆男生女生，连老师都护我护得要死，谁敢欺负我？！

相较之下，非裔和拉美地区来的孩子就不那么受欢迎。Gracie是学生会主席，在T-WEST待了四年，年年过得风生水起，自然见识多，敌对的也不少。那些拉丁裔的女生最敌视的就是这种金发碧眼，能力强还有权有势的白种美国人。相对地，她也格外看那些人不爽。Gracie说，我没有鄙视Hispanic（拉美裔），我就是看不惯那些女生，你没看到她们一个个把胸挤得跟屁股一样，裙子短的看得到里面肥大的屁股，天天满嘴脏话，堵在走廊里打架，上课除了听课什么都干，老师说个两句回头就骂老师，酗酒、抽烟、滥交、吸毒，什么乱来来什么，有的时候还把自己孩子带到学校来上课——还一副很骄傲的样子和别人交换带孩子的经验……

听到这里真的很震惊。首先震惊我的是：不是吧？那是她们的小孩啊！她们自己还是孩子呢！我以为她们是带着自己的家的弟弟妹妹来上学的，或者是学校有child care（照顾孩子）的课，这些孩子是用来上课的。我说到这里的时候又被嘲笑太纯洁了，其次让我感到震惊的是吸毒。因为我从不知道有学生在学校里会吸毒。Juliana说她在厕所里看到一个非裔女生把白色的粉末放在书上，用鼻子吸进去，据说那是可卡因。还有酗酒、偷窃、打架。从未想过这些事情会发生在我们学校，一个个高中生却过着这样奇怪的生活。

不过想想也是，有一些人非常地粗鲁无礼，实在让人无法对她们有好感。她们随心所欲，以和老师对着干为乐趣。上课趴着，躺着，脚搁在前排椅子上，不停地讲话，对别人的称呼都是b*tch，心情好了就是f*ck，心情不好就是s*ck……仔细想想，我真的觉得我很以和她们在一个班上课为耻，这也是我死去活来要调出这个课的理由。她们还很有一种自我保护的意识，认为老师是白人所以看不起她们，先入为主对所有老师有敌意。甚至在我最喜欢的历史老师课上都觉得历史老师表扬部分孩子批评她们，是背叛了他们……说实在话，我不喜欢她们，因为她们没素质。

我本没有种族歧视。我对她们压根就不了解，我到现在还没有分清什么长相对应什么地区的祖先。可是她们用实际行动告诉了我，你们把自己与正常的、品行优良的学生割裂开来，给我留下了极为深刻的印象。我不喜欢她们，不是因为她们的肤色，她们的脸型，她们的那个隔很多代的老祖宗。我不喜欢她们，是因为她们不尊重别人，自然也不能得到别人的尊重。是她们使自己在降低我心中的评价。我本不是黑白任何一个阵营的，可是她们把我推向了反方向，也由不得我对她们降低好感。

同样，中国学生在外面就装也要装的友好一点。即使你在一个处处宣传自由独立的国家，你仍然属于你的那个群体。不管人家把你分类到亚洲还是中国，甚至是江苏或者浙江什么省份，你永远代表着千千万万个和你同血脉的黄皮肤、黑眼睛。不管你有多么想表达你的个性，在身上打一百二十个洞，尝试一下烟草或者大麻的滋味，心情不好的时候总有一句f*ck想要顶替别的中文脏话冲口而出。请记住，你在中国时，你就是你自己，没有别的人会把你的表现算作是全中国人的表现；而你在外面，你就是外国人眼里的百分百，你的所有表现都是中国人的表现。无论你有多么想参与那个烟酒聚会，无论你多么想要骂一句以F或者S开头的词汇。请忍住！

请用你纯洁的眼神，真诚的笑容，谦逊的姿态以及优异的成绩，告诉美国这群无论黑白棕色的人们，我们中华民族，是个伟大的民族。我认为以肤色而歧视他人的做法是浅薄的，让我们用良好的行为习惯告诉那一部分戴有色眼镜看人的美国人，把人与人区别开来的不是人种，而是素质。

平安夜随想

= 李博天

圣诞节，纪念耶稣诞生的日子，对西方尤其是基督教家庭来说，是个具有重要意义的日子。在美国的交流生活中，圣诞节当然是体验生活必不可少的一部分。

圣诞，顾名思义，圣人诞生的时候，此圣人指耶稣，所以说到圣诞必定要提及基督教。记得高一时，有同学说基督教是假的，外教问他能否证明，那同学一下子就傻眼了，但是这件事却触动了我，我自小认为基督教乃迷信之说，但说到它为什么是迷信，我也不知怎么回答，所以心中一直有这样的疑问。带着疑惑我来到了美国，圣诞节这天那疑惑更是在我脑中久久徘徊。住家爸爸是标准的基督教徒，而住家哥哥对基督教持怀疑态度，这样的家庭组成给了我一个可以讨论的机会。

平安夜的晚餐比较丰盛，却已不是我们关注的重点，而对基督教的讨

浓郁的圣诞气息

论确实越来越激烈，虽说是讨论，但实质是我对基督教提出一些问题，然后住家解答。首先，我就提出众所周知布鲁诺、哥白尼、伽利略等等天文学家的事例，火烧布鲁诺，抵制科学，这样行为的教会难道手握真理吗？

而且地球并不是太阳系的中心，地心说已经完全被科学推翻了。然而，住家的回答着实让我震惊了。首先，地心说是亚里士多德提出的，这无可厚非，然而圣经没有任何语句说地球处在太阳系或是宇宙的中心，圣经说地球是整个世界的心脏，这样的说法虽说是模棱两可，但因选择物种参照的不同，心脏的位置所在并不能被确定，反而我觉得这里的心脏更像是说地球在世界上的核心并非位置上，所以天文学并不能证明圣经的表述是错误的。再说现代科学也没有发现比人更高等的生物体的存在，没有任何证据可以推翻地球暂居世界核心。而火烧布鲁诺，抑制科学发展其实质不在于科学与基督教处在了对立面，而是人们有了自己的思考，有了思考就会怀疑，教会的统治将会受到影响，为了维护统治而打压了科学发展的是教会的统治者，并不代表基督教或是圣经对科学的抵制。

接着我又对旧约与新约的内容提问，例如罪恶之城索多玛，似乎上帝在行为上与描述中有所矛盾，但我自己发现这样的矛盾并不能证明圣经的描述是有违真理的。之后的讨论中，我了解了基督教的信仰更多是建立在精神上而非物质上的，更像是在说：信则有，不信则无。那这样的基督教既难以说是真理也难以证明其违背真理。

从以前坚定地认为基督教是迷信，到了解后的怀疑，追求真理的道路上，知道的越多却发现离自己认为的真理越远，也许就是曾经有个同学跟我说的：学得越多，才会发现自己多渺小。

信还是不信

= 丁宁骅

之前在南京某公交车站等车，30分钟后车终于来了。身旁一位妇女小声祈祷："感谢主。"我疑惑且好奇。几个人不自觉地退后了一步，与她拉开距离，与社会主流保持一致带给我一丝安全感。美国高中课堂上：众人在上课前祈祷，我提前打过招呼，不作参与，端坐聆听。在这儿我成为了极少数派，我感到一丝尴尬。

一个群体对陌生的，与主流相悖的事物是存有警惕心理的。有些人选择避而远之，另一些人怀着好奇心尝试了解。在不确定的情况下，更多的人会根据社会认同原则，风险最小化，随大流。而在宗教问题上，这个主流价值一直被"管事者"通过对人们从小的教育而牢牢引导着。这么做完全可以理解，国家太大，统一思想便于管理。以爱国主义，对集体的热爱来代替宗教，使得我们对国家的感情增加了一倍。这么做也有明显的缺点：其一，国人在无信仰的状态下，遇到困难，缺乏载体作为精神寄托，丝毫没有向上帝祈祷请愿的意识与环境。取而代之的是太多的借酒消愁，灯红酒绿。其二，也是更严重的，没有了上帝这样一个无处不在的监督者，道德上的引导者，相比之下，一个人更容易走上歧途。失去了每周日去教堂忏悔罪过的机会，我们便对一些过错显得不在意了。在许多情况下，宗教的约束力要高于法律，更远胜于直接空谈道德。

上帝在哪里？这个问题是每一个无神论者都想知道的。其实在教会学校的教育里，这个问题也常常被提及。我认为，有许多方式解答这个问题，而且这个问题并不是非解决不可的。当听到赞美诗歌响起的时候，当神父高举双臂，烛光四起的时候，当大家手拉手，互相祝愿和平的时候，宗教的意义已经充分突显。其实对我们这样的人来说，天主教、新教、佛教或者伊斯兰教，是没有太大区别的；更没有必要争论哪个是对的，哪个更好。

对于一直生活在无宗教氛围中的大部分中国人来说，急切地寻找信仰，改变整个现状是不现实的，也不一定是完全必要的，但一定要做到正确看待宗教。关于宗教，我们是被这样教育的："我国奉行信仰自由的宗教政策。我们应以科学的眼光看待宗教，理性看待宗教……要有科学发展观……"这个表述的问题在于：我国大部分地区并没有这样的宗教氛围，宗教自由间接等同了无宗教信仰。另一方面，解释"科学"与"宗教"的共存是十分复杂的。我的解读，恐怕也是教材要求的解读就是：咱们是相信科学的，宗教那一套是不科学的。

　　以看待一种源远流长的文化来看待宗教，我们便能运用类比，化未知为已知。西方传教士希望我们能够信教，不正如我们希望把中华文化推向世界吗？文化是多元的，宗教信仰也自然是多元的。我们对于中华文化感到自豪，也不必为无宗教信仰而自卑。我们对别国的文化表示尊重，我们也对各宗教派别表达敬意。作为无信仰者，不能对宗教持有偏见。自己有宗教信仰的人，不能贬低其他人的宗教信仰，也应理解无神论者。

　　"不以物喜，不以己悲"，抑或是"不以物悲，不以己喜"，是一个人独立思辨能力和其独立、淡泊且成熟人格的体现。

Chapter 5

一路向前

别亏待你的胃

= 王子君

在外交流的这一年对我的影响很多——更自立了，更自信了，更包容了。不过上述这些太过明显的我都不想谈。在我看来，"交流年"对我的大学和人生最重要的影响，大概是我终于开始认识了自己的胃。

原来我一直不觉得出国以后吃饭会成为一个问题。适应性好么，不管我多不喜欢吃奶酪总归饿不死，但饿不死不等于好好生活。

去年十月份洪晃有幸作为校友回学校做了一段演讲，我也有幸在讲话后和她聊了几句。她算是那个年代中家境优越的，本科就能出国念大学，也可以算是最早一批游走于中美文化中的人。她在自己的经历中说到了许多"平衡"和"取舍"中外两种环境的选择，而最后，她在回答我的这个问题时只是淡淡说了一句，"骗得过谁都骗不过你的胃"。

其实不管在国内还是国外，过的都是生活，不论是哪种生活中有的都不只是闷头学习。我们从小到大在一个又一个被人为划定的阶段中度过；"大"是小升初、中考、高考，"小"则是小测验、月考、期末考……考来考去，上学的目的是不是让我们更有机会和资格好好生活呢？不管你对于好好生活的定义是令人艳羡的工作还是自顾自地享受生活。好好生活？或许有的人会说，你以为上了大学能够摆脱么？还是在这样的循环当中，你仍然面临着毕业、求职、考研、考博等等诸多压力。

我觉得，十八年了，在自己最美好的四年中，总要给自己一些只为自己学的时间。去生活，去读书，去走出去看你从来没有见识过的世界，再来反思自己的，何不是一种学习。在还没有准备好的时候急于求成地找到一个实习机会来填补空虚，还不如背上包画上一条路去到那些没有去的地方来完整对自己的定义。这是"交流年"教会我的精神。那一年里我有幸体会到的点点滴滴，都属于一种不同的生活模式。这种模式中着重的是自主，在有限的范围内自己明确地主张自己的生活。其实在这样的环境中，你就会越来越发现自己需要在更多方面更深入地学习，取得更多的进步。能打动你的总会打动你，就像美食一样。

对于我以及很多其他留学生来说，也许美食算是一个燃点。日日夜夜想的味道不外乎是那一碗鸡汤青菜面和那一锅外婆烧的肉圆子。这些你以为小到如此细微的选择，最终决定的是你生活的一种姿态。你重视什么，不重视什么，是不去生活不会有体悟的。体悟到了，便自行选择自行洒脱。美食不过是个引子，重要的是除了食物外的其他种种生活中我们自己最重视的东西。是金钱也好，权力也好，自由也好，灵魂也好，决定了就不要怕别人讽刺的批评说你物质或是幼稚。就像美食满足的是胃，吃不到那种味道再去做什么我们都觉得肚子不舒服；生活满足的是心，找不到喜爱的事物无论如何都无法给自己交代。这就是一种催人向上力量。

　　多的也不再说了，我时常觉得自己还没活出自己文章中夸大其词的一些姿态。但我可以且需要为之前行。就从空腹去寻找城里最好吃的回锅肉开始吧，吃饱了，再满怀耐心地去尝试，这样才能领悟最适合自己的生活。

大洋彼岸思念家乡味道

爱你身边的人，就像爱你一样

= 李克然

我想说的其实和留学生活没有太大关系。我希望你能仍在学校里的时候看到这篇文章，因为我想让你们意识到，和朋友一起的时光是转瞬即逝的。不论在哪里，和谁，请珍惜和朋友们在一起的每一秒。

我来到美国一段时间后，慢慢地和这里的同龄人交上了朋友，关系亲密的也还真的有那么一两个；但是相信我，真正能说心里话的朋友是几乎不用去妄想的。文化差异是我们无法改变的事实，所以我每天都会目睹这里的同学做一些不可理喻的事情。再加上价值观的差异，找到个知心朋友真的是太难了。虽然每个人都非常热情友好，但是很遗憾，知心是他们无论如何都无法做到的。这个时候我就会无比怀念过去和朋友们在一起的日子，那种无话不谈，有说不出的默契的日子。

每天在经历一样的事，一样的人，时不时能想到一块儿去。上课可以一起遥相呼应一下，下课可以一起谈天说地；要考试了可以一起复习，考不好了一起难过，考好了一起买零食吃；中午可以一起蹦去食堂排长长的队，可以一起抱怨饭菜有多么糟糕，心情好请大家吃冰淇淋；放学可以一起打上一会儿球，或是向对方倾诉一下自己喜欢的谁谁谁又怎么对自己不理不睬了，然后一起踩上自行车一路说着回家，说不定聊得欢还可以在分手的那个十字路口前好好聊上那么二十分钟，看着红绿灯一次次地循环；晚上睡不着了，通讯录里总有那么几个可以打扰的人，要不发信息，要不煲电话粥，直到一方终于昏睡为止……这些生命中一个个小细节，被我们太理所当然地拥有了。真的，"直到失去了我才追悔莫及"。不因为是从喜剧片里出来的就是笑话，这是事实，一样东西的价值往往在不再拥有的时候才能体现出来，尤其是情感。如果你不喜欢后悔的感觉，就不要把自己置于可能后悔的境地之中。因为你真的不知道未来是什么样的。

我离开南外的时候根本没有意识到这一别就是永别，南外生活就这么提前画上了句号。我会尝试着通过人人网，甚至是电话、视频来更新、复活我脑子里的记忆，但是我发现我的表达能力其实一天天地在下降，我慢慢在网络这个虚拟的情感空间里变得越来越空虚和孤寂，甚至会刻意回避关于自己母校的一切消息，因为每一次看到都能刺痛到我心灵最深处。

你还在和你的好朋友闹别扭么？还在天天发牢骚么？你其实知道该怎

颇具内涵的美国校园艺术

么做。珍惜现在，对一切有一颗感恩的心，不要给自己和他人留下遗憾。在心里要做好准备，有付出会有回报，想得到也必须付出。有的时候等价交换定律也不一定适用，你失去的东西或许会超出你承受的范围。但是相信我，你的每段经历，都是你生命中的无价之宝。"爱你身边的人，就像你爱你自己一样"。

走出小我

= 秦雨菡

现在我正坐在自己放满黑糖口袋饼等零食的书桌旁，对着电脑，脑中慢慢回想交流那一年的经历，准备写下这篇文章。两年前的这个时候，我正一边在学校忙于应付各种考试与活动，一边在心中暗暗期盼与担忧即将分配下来的交流住家。每天躺在床上即使已是十分疲乏也会思索许久即将面对的各种情况，总是会不断地质疑自己做的决定是否正确。作为一名典型的巨蟹座女孩，恋家，是从小就被亲朋好友在身上印下的标签。做出交流这个决定其实也就是希望能克服自己这个恋家的毛病，慢慢地独立起来。

好在我并没有自己想的那么脆弱，一年前的这个时候我也许正坐在佐治亚州奥尔巴尼市旁边李斯堡镇某个小房子阁楼上的一张床上，一边苦苦预习着即将到来的SAT考试，一边计算着时间想着一会儿要到客厅里和住家聊会儿天。生活因为我在十六岁这一年一个略显冲动的决定而有了天翻地覆的变化。慢慢适应了每天见到白色、黑色、黄色各种皮肤，金色、棕色、粉红色各种头发；慢慢适应了听着"住爸"用美国南部口音说些冷笑话，我再用我的中式英语回他几句。

回国后亲戚朋友们总会问我交流这一年里学到了什么。每每被问到这个问题我其实都会语塞，一年里发生的太多，真的很难具体说我有什么样的感悟。若是非要说出一个，大约只能告诉大家一个模糊的概念，就是走出了自己的comfort zone（舒适天地），见到了没见过的事，做了没做过的事，想了没想过的事。小到洗衣服要把不同颜色分类，每天思考早餐要吃什么，发烧的时候学会自己照顾自己，房间每天都要收拾好；大到在因为种种原因无法拿到一整个学期的成绩时和counselor的沟通，在家庭聚会时被指出没有宗教信仰不正确时的无奈，在公共场合听到别人公然对中国发出歧视言论时的态度……所有的一切在失落、彷徨、愤怒过后要学会去理解、思考并且解决。从刚到时一个人在学校的形单影只，到离开时和同学们一一合影，从刚来住家时的陌生到离别时的泪水，都是我走出了自己的天地，付出自己的努力后收获到的无可替代的财富。

也许我的SAT和TOEFL成绩在父母看来不够高，会被他们唠叨如果当初没有去交流而留在国内就能多上辅导班，多花心思背单词、做真题，可我从不后悔我的这个决定。人们常说不当家不知柴米贵，而我认为不交流，不走出自己的天地，也不会知道一个独立的人真正要面对的远不止那3500个单词和一套套真题。这篇文章写得零零散散也没有什么逻辑，目的不是以一个学姐的身份告诉学弟学妹该如何选择你们的路，更无法像那些讲座一样给你一个交流回来后上课考试准备申请的时间表。只是想说，选择了交流这条路，有过许多心酸辛苦，也有过许多"浪费光阴"，可我从不后悔。

新年小感

三 沈 翀

Mobile, Alabama, United States. 11：59：50 pm, Dec 31, 2010.站在人群里跟着台上的乐队一起吼出倒数的十秒，在2010转换到2011的那一刻，天空中绽放的绚丽烟火照亮了周围人们脸上洋溢着的幸福，和住家全家大小拥抱、道过新年祝福之后，心头的温暖让我觉得这已经过去的在异乡的半年还是值得的。

离开父母、朋友、熟悉的城市，只身在一个全新的地方重新开始。听起来如此"宏伟"的事情，其实在踏入美国国境之后每一秒都变得如此真实。

新的学校

美国的课程与国内课程不一样的是，美国几乎每门课都有相关的活

动，比如food nutrition（食物营养学），每周会有一次烹饪教学，制作各
种意大利面、蛋糕等；第二外语如法文、西班牙语，老师则会带着学生去
International　Festival作为field　trip（专业之旅），这种交流文化的活动
往往也有各种国家的美食相伴；美术课老师则会带着学生们去参观博物馆，
合唱团则会在圣诞节来临之际组织音乐会……所以在此建议同仁们在选课的
时候可以问一问有哪些相关的活动，再根据介绍选出自己感兴趣的课程。

　　介于美国学生的大部分精力都没有投放在学习上，我们可以推测出
他们的课外活动还是很丰富的。音乐剧选角，唱歌达人秀，足球、篮
球、网球、排球、田径、游泳各种体育项目的选拔，纷繁的活动也许一
时能让人激动不已，每个都想尝试一下，但是出于还得准备托福、SAT
考试以及住家接送等交通问题，在这里并不建议参加太多，选择一两个
真正喜欢的参加就够了。毕竟若是住家后来有意见，接送就不只是给人
家油费这么简单的了。

新的家庭

　　生活在一个和自己没有任何关系的家庭的确是项挑战。很多时候
是如履薄冰，担心这里那里做的不好，"sorry"，"excuse me"和
"thanks"直到现在我都不离口。也许是我太敏感，不喜欢说"mum"
的时候"住姐"和"住弟"问"your　mum　or　my　mum"，所以一

直很见外地喊"住妈""host mum"。"住弟"喜欢开玩笑，自称"janking"，在我看来无非是找人茬儿，我觉得很正常的拖鞋、眼镜经常是他嘲笑的对象。一般我只是笑笑，不和他计较，有时候回几句嘴，嘲笑一下他满脸的痘痘。两个"住姐"性格遗传"住妈"，都容易生气。大姐已经大二，相对比较成熟，更注重功课，所以和我比较聊得来。二姐一般窝在自己的小房间刷Facebook，或者给男友打电话，和我交流不多。此外，家中还有一猫两狗。

既然之前提到了油费，不如来谈一谈关于住家家庭条件的问题。每个交流生分到的家庭地点不同，组成不同，条件也不同。有的家庭只有一个女儿，住的是双层小洋楼加私人游泳池；有的家庭要养三四个孩子，可能你得和人家分一个房间，睡一张床，用一个洗手间，但是只要住家能让你吃饱睡好，我们也没什么资格去抱怨他们的条件。况且事情有很多角度来考虑，如果和人家唯一的女儿处不好，那处在这个家里岂不是总是有阴影？孩子多一点的话，虽然是乱了一点，吵了一些，但无聊的时候总可以找到人聊天、打游戏，即使"住妈"爱发脾气也不会老挑你的刺，因为还有一帮孩子排在你前面等着被挨骂呢。

新的朋友

不同地区交朋友难度不同：我所在的阿拉巴马州黑人较多，倒不是种族歧视，由于没有与他们打交道的经历，交友范围也因此缩小。再加上这儿越南人不少，大家对亚洲人习以为常，所以刚到的我站在走廊里有只有被人挤的份儿，看到旁人三五成群的身影不免觉得心酸。同样是交流生，但是在俄亥俄州，站在学校走廊里就会有人好奇地过来打招呼，对亚洲人甚感兴趣，社交生活相比起来也丰富不少。但是想要交朋友的话，地区其实真的无所谓，只要有勇气笑着走上去和别人打招呼，美国手机里的通讯录名单自然会长起来。

既然选择了远方，便只顾风雨兼程。美国的一切在纸上再怎么描述都是苍白的，一切还得亲自体验才是真。

爱恨交织

= 李克然

　　来这里已经很久了，对于美国的生活方式也愈加适应和熟悉。这么久以来，遇到了很多让我惊喜的事情，同时也有一些让人烦恼的事情。请允许我跟大家分享一下我的感受，瞧瞧我们是否有相似的观点。

　　首先我非常喜欢这里的生活气氛与生活节奏。上学的时候，一切都是紧凑的，一节又一节的课用新的知识不断刺激着你的大脑。放学以后紧跟着就是大段的空闲时间，你可以尽情地参加学校的课后活动，比如各种体育和公益项目；当然你也可以把时间投资给你的爱好和个人梦想。在中国我是不敢想每天都可以好好锻炼一下身体的，在这里没有学业的沉重压力，你完全可以把之前欠下的都补回来。假期的时候，节奏开始放慢，你可以慢慢享受家庭温馨的每一秒，也可以选择和朋友们Hang-out（出去玩），能做的事情太多太多，这里的假期是名副其实的假期，绝对满足你的需要。如果你够幸运，能被分到一个像Laconia一样的地方，那你千万不要错过那种心灵的宁静——没有繁忙的交通，没有恼人的噪音，没有高耸的摩天大楼……没事的时候就去Lake Winnipesaukee（温尼佩绍基湖）给自己的心放放风，尽情驰骋一下，和心灵交谈一下，烦恼会一扫而光。

当然提到美国自然要说到这里的民主。我对政治不是多么敏感，来这里也只是每天生活在普通的圈子里，自然也就不敢随便评价这里的社会民主。但是单从学校我就可以感受到这里的自由氛围。即使是一个教会学校，你从来都不会听到任何一个四十五分钟的讲座。老师们提倡讨论和头脑风暴，尊重一切观点，并且加以讨论和总结。每个人都可以为集体贡献出一点自己的想法，就算是带点恶搞的老师也不会生气甚至有时还会参与进来，课堂气氛始终是活跃的。这样的课堂，培养出来的学生不活泼就没有道理了。

但是，我看不惯的第一样东西也从中而生。自由和民主固然是好的，但是什么事情过了一定的"度"都会产生负面影响。我尊重美国的教育制度，但当同学在课堂里随便地说一些与课堂无关的事情的时候，自由就被错用了，课堂就变得恼人了。老师们一直在非常努力地杜绝这种现象的发生，但因缺乏我们那样的纪律管理制度，我觉得长时间都很难见成效。

另一件仍然是关于教育体制的。众所周知，这里的数学是出了名的简单，"在中国你数学学得再怎么'杯具'，来这里都是天才。"这话

美国符号的象征

不假，当然也不完全对，这里我们先不予讨论。我想说的是这里的学校对他们国家孩子潜力的忽视。美国人不是生来就比我们笨的，这都是教育制度弄出来的结果。我现在选的几何是不得已才选的课，学的所有内容至少追溯到三年前。简单也就算了，都说美国深度浅，但是广度大，学的内容比我们要多。来了这里就发现这话一点也不对，至少我看到的不是这么回事。进度明显比我们国内的要慢很多，同时难度真的不值一提。这是对学生才能的极度浪费，也是对美国的未来开的一个大玩笑。即使这样，只要有一点作业，总有人理所当然地喊："为什么干脆就一点作业都不要有呢？！"每次听到这个我只能为他们叹息。

其实说不喜欢真的没那么容易，那最后点我就给美国人有多么不了解其他国家吧。这对于美国人来说或许真的没那么重要，但是即便他们一直在世界领先的位置，在许多领域的老大地位仍然被其他国家穷追不舍，大有被赶超的趋势。我想说的是，这就是我们交流生的主要使命——文化交流的意义所在啊！但当你一遍又一遍，一遍又一遍回答可以说是常识的问题时，相信我你定会有厌烦的那一天。有人说提出非常基础且完全可以自己找到答案的问题是对被提问者的侮辱。我没有觉得被侮辱，但是当你一直引以为豪的中国文化到这里被误解、无视的时候，你心里会是什么滋味？

归根结底，美国有太多值得你去感激和微笑的东西，我每天都感谢上帝让我有这样一个机会得到这一切我不应得的恩典，我相信你也会有同样的感受！用感恩的眼光看待任何事情，我真心祝福你们！

赤子之心

= 田　宇[2010～2011届交流生]

电脑上显示的时间已经是2011年1月1日了，现在国内的新年钟声已经敲响了，但是现在印第安纳的时间仍是2010年的最后一天。也算是又一年了，总要比去年有些收获，人不能越活越小。仔细想想，2010年注定是我人生中至关重要的一年，可算是一个巨大的转折点。一半是国内波澜不惊的高一生活，另一半是美国冷暖自知的交流经历。

也就是去年这个时候决定了要来美国交流，那时的我自认成熟不少，希望离开父母的羽翼，闯荡一番。如今我做到了，在美利坚这个地方，虽然坎坎坷坷，但还是活得好好的。照样天天照太阳，露大牙，和朋友玩闹。有时想家，但很满足，想想自己拥有的，说得简单，做到却实属不易。所以心态这个东西很重要。

奶奶总对我说"船到桥头自然直"，我也一直是坚持贯彻这点的。

就是说没有解决不了的问题，去相信就好。以我个人为例，某次Indiana刮龙卷风，全校学生都被困在Fellowship Hall（联谊堂）里，校长在说着安慰的话。当时正好是午餐时间，偶尔还能听到哭声，而我在干嘛呢？在悠闲地吃披萨。我认为哭不能解决任何问题，这是老天爷掌握的事儿啊。其实呢，我是这么想的，就算真是什么大灾难要把我们毁灭，好歹也当个饱死鬼啊，如若没什么事，那就更不用担心了。果然，只是吓唬吓唬人的，很快就天晴了，什么事儿也没有。

在这儿好人挺多，但有时候还是会遇到让人很不爽的美国人或者欧洲人。具体体现为自我保护意识很高以及在不了解事实的时候妄加评论。举一例，经济课上，一欧洲交换生一口咬定中国为Command Economy（即计划经济），而学过高一政治的同学们都知道我国是社会主义市场经济，我也不会否认这种中国特色的市场经济还有政府干涉的痕迹，但市场经济和计划经济是有着巨大区别的。遇到这种事，一定要淡定，拿他们西方人的话堵他们的嘴，我当晚就上谷歌搜索中国经济，上面有很多西方经济学家的言论。第二天就向他们展示，说明中国早已不是计划经济，并加上了这样的事实：中国已经是世界第二经济强国，并极有可能于2020年超过目前的冠军美国。他们当下哑口无言。至于他们问我中国人刷不刷牙、吃不吃猫、如果多生一个小孩是不是会杀死什么的，我都已经能很淡定地向他们解释。这些看似荒谬的问题，都证明西方对中国的误解之深，而我们交流生的责任不就是向他们展示一个真实的中国，一个在东方崛起的中国吗？所以要笑着面对，以中国特有的谦逊态度，优异成绩向他们证明我们的中国。

换了家庭以后，和原来的家庭有时还是会见到。这时候，尴尬是难免的吧，但还是微笑地打招呼寒暄，这才是中国人的胸怀，南外人的胸怀。所谓"生意没了，交情还在"。逢年过节的，一句祝福哪怕仅仅是一条短信，也能体现我不是个不懂事且薄情寡义的人。即便我们的过往有过不愉快、不开心，但过去的都是经历，不管经历坎坷与否，都是成长的要素。没有怨恨地过，做个温暖的人才是于人于己最有利的。

我们都不简单。我们都很努力。我们都还是孩子，却已经历了好多。我们想要被爱，却发现不是事事都能如愿。不管那些困难怎么难，都会好的。不管怎样都应该保持一颗赤子之心，保留那些最初的美好。2011，你来了，我会加油，我会努力，遇到什么都试着很乐观地面对，不丧失那份童真，这样就好了吧。

这就是我想说的心态。

如果再选择一次，我还想做交流生

= 殷玫然

如今我已回到祖国的家中。回望这一年的经历，我感谢自己，更感谢父母帮我做出赴美交流一年的决定。人总要有走出家门、踏上社会的那一天，而美国生活为我在身体和心灵上都做好了铺垫。

刚到美国的时候很难适应美国的食物，还记得在去美国的飞机上，飞机餐是鸡肉三明治、色拉和冰水。当时我很害怕，怎么可以吃生的蔬菜？怎么喝白开水还要加冰？可事实证明美国的食物就是这样。蔬菜很少会去煮熟，一般都是生吃色拉。水呢，则是一年四季都要加大量的冰块，连冬天也不例外。后来也就慢慢习惯了。到了交流生活的尾声，我已变得非常喜欢吃色拉了。

美国的体育文化对我影响颇深。刚开学的时候我加入了学校越野赛跑的队伍。虽然后来因为种种原因退出，但那种奋力拼搏，挑战个人极限的体育精神深深震撼了我。在美国，我一改以前不爱运动的陋习，经常锻炼身体。我参加了游泳、踢踏舞培训，学校的羽毛球比赛等等，天气好的时候我便去跑步或者散步。总之，这一年下来，我已经养成了几乎天天锻炼的习惯。我希望这个好习惯在国内也能保持，毕竟一个健康的身体是"革命"的本钱。

出国交流培养了我的自理能力。住家毕竟不是父母，不可能无微不至地关心你。实际上，我的住家说过，"We don't know how to treat you as a kid. We just treat you as an adult."（我们不知道怎么像对待小孩一样对待你，我们只能把你当作成年人看待。）一个人在异国他乡，要学会做各种事情。小到去超市购物、去口腔医院检查牙齿，大到电汇现金、交付学费、购买电脑，等等，很多都是说起来容易做起来难的事情。但愿这样独立生活的经历能为我的大学生活做好准备。

对我而言，做一名交流生，最重要的一点就是学会与人沟通，尤其是与"难缠"的人们沟通。我所在的爱荷华州在美国中西部，这里的居民相对于东西两岸来说思想传统，比较不宽容，究其原因也是这里人种单一导致的——几乎是清一色的白人天主教徒。有的人很刁钻，一上来就问我很多涉及中国政治、文化习俗的尖锐问题。有的时候我真的很气愤，但是想到自己代表的是国家形象，还是耐心地听取他们的意见。有的时候我也尽力向他们解释，争取他们的理解。其实喜欢批评中国的老外走到哪里都会有，有的华人出国之后就特别爱国，极其Defensive（防守姿态很强），别人讲中国一点点坏话就火冒三丈，其实也没必要。他们的批评也不是全无道理，但西方的民主也不能硬搬到我们几千年的传统习惯上。和美国人沟通这方面的事情，很需要技巧，既要站在对方角度上想问题，也要学会不卑不亢地表达自己的观点。我还需要慢慢修炼，但现在已经有了个好的开始。

这一年中也有很多不愉快，一路走来坎坎坷坷。但是总的来说，我不后悔选择当一名交流生。通过交流，我的视野开阔了很多，心智成熟了很多，也成长了很多。

殷玫然住家对面农场里的可爱奶牛

走好自己的路

= 田　宇

　　还有不到两个月就要回国了，总算要回去了。

　　是时候做个总结了吧，我想如果重来一次，我的选择不会变，依旧要来美国做一名交流生。

　　如果仅仅是用最普遍的"好处弊端对比表"，会发现似乎真的不值。用一般的评价标准看来，我们失去了陪伴家人、熟悉的朋友在一起的机会，失去了在国内上培训班的机会，我们经历了很多同龄人想都想不到的危机，我们需要花更多的时间处理接待家庭和文化差异的问题，似乎唯一的好处只有"逃避"了小高考，而这本身并不是我来交流的目的。那么为什么还会觉得不后悔？

　　度过一两个月的新奇期，问题就接踵而至。学校、家庭、朋友、地区代表，问题大大小小，心理受到很多磨炼，可以说到了后期，遇到各种问题也已波澜不惊。在经历中我处理问题的成熟度也与日俱增，也能做到遇事很快调整心态先想解决方案。虽然来之前也想过自己能有所成长，但过程的崎岖却始料未及，我很高兴，是真的很高兴。虽然因此更早地步入了社会，但既然做了选择，就不再回头。成长了，以后就不用再跌倒不是很好嘛？

　　用中国人的思维方式去想美国人，真的会和现实差很远。来这儿半年多，和美国人打了这么多交道，总算是揭开了冰山一角。虽然我们对美国人有很好的设想，但事实是半数以上的美国人是两耳不闻窗外事，只活在自己的乌托邦中。这部分人不了解中国，也不想了解。这只能说这是美国的可悲，但哪个国家又能做到"全民小康"呢？更何况美国又用低保政策养了很多懒人，让他们安于现状、不思进取。了解了一个较为真实的美国，这样的机会实属难得。现在的我更加热爱生我养我的祖国，就算有人抱怨她没有"听上去很美"的民主，就算她的政府总受批评，就算她很多地方做得还不够好，我还是爱她，她在以最适合自己的方式崛起，我相信她的未来。而我们这些90后，不见得就比美国的青少年差，相反，我们的世界胸怀和长远眼光他们不一定有。已经知道要取长补短的我们，会进步得很快。我说这么多不是说我对美国人有偏见，而是懂得以后不一定要选择接纳，自己真正思考后，选择自己的道路才是最明智的。如果没有这一年，我还是一个懵懵懂懂，对美国有无数幻想的小女生，现在幻想破碎，才能最早地切入现实。那么又有什么不值呢?

　　我成长了很多，这是在父母的羽翼下三五年都不易学到的。思考了很多，对这个我们生活的世界有了更深的认识，形成了自己的价值观、世界观，就算耽误了一些学习上的时间，我也相信这次交流的经历将会是我受用一生的珍贵宝藏。话都说到这份上了，我不后悔，我会继续向前走，不管是风是浪。

　　如果再来一次，我还是会选择做一个交流生。我为自己骄傲。我为作为一个坚持下来的交流生骄傲。

生命才是最精彩的表演

= 王秦天

下个星期四的这个时候我就要收拾收拾上飞机了，回想与父母说再见、登上飞往美国飞机的那天，仿佛还是昨天。在美国做交流生一年里的所有好像就是在一天里发生的，让人感到恍惚。

看过电影《大象的眼泪》的人会发出这样的感叹：生命才是最精彩的表演。我想，就在我登上飞机的那一天，我的生命就永远改变了，虽然没电影里那样有戏剧性，但我相信这对每个敢于做交流生的同学来说都是一样的。生活对我来说不再是学习考试就是一切，我也不再会用从前的方式看待自己。我不能说留在国内就会面临无尽的考试折磨，成为书呆子或是别的什么，我只想说我既然选择了这样一条路，生命中的一切就是不一样的，不仅因为文化的不同，更因为在生活中，除了学习以外，还有很多重要的东西值得去发现。

　　我的"交流年"有一个灰色的开场。由于一直没收到住家的信息表，我对神秘的美国交流年抱有很大的期待和很多的幻想。然而当时的开场着实像冷水扑灭了我心里所有对未知生活的热切渴望。刚开始的一个月我极度迷失，感觉自己是到一个又穷又落后的城市来体验艰苦的监禁生活的。无助、不理解和得不到理解让我有一种举目无亲的感觉，心想在家待着真好。我在Facebook上建立了交流生讨论组，在和同学交流的过程中，发现别人也有各种各样的问题，大家都希望得到理解和鼓励。所以我在一个多月的郁闷之后得出结论：这一切不过是我要应对的事情，生活中一定会有快乐的一面。现在想想的确很好笑：无数次忍住心中想把一面墙踢倒的怒火，和七十七岁的住家心平气和地沟通交涉；逃到邻居家里为了躲避魔鬼变态LC（地区协调员）成了每周的必做的事之一；由于住家的家人冷漠不愿帮忙，我无数次得向老师、朋友或是朋友家长寻求帮助。通过这一年，我终于知道了随遇而安的淡定心态是多么重要；所以我也不断提醒自己，过来不是纯粹为了享受生活的，困难和窘境更是一笔财富。

　　在这里生活中最快乐的一面，就是学校、朋友和老师。学校非常小，总能给人一种很温暖的感觉。就像教学楼空气里飘着的咖啡味一样，学校的教师们有很浓的人情味。他们耐心地面对我"死皮赖脸"的求助，无数次热心地帮助和鼓励我，还在给我的贺卡上留言，给我举行小型送别会，这些都让我感到了家一样的温暖。我在这里与朋友们建立了友谊，我们之间相互信任，只要在一起就会很快乐。在我看来，他们所有人都是世界上最好的人，从他们身上我也得到了最宝贵的财富。

当然，作为交流生来到美国学习，我也渐渐从他们的角度试着了解他们的文化。美国热衷于通过很多美剧和电影向其他国家的人宣扬他们的价值观，着实使人们对"美国梦"抱有极大的憧憬。但实际上不然，金钱作为这个国家维持稳定的重要因素，既成就了这个国家的繁荣，也使很多人对他人、对自然更加冷漠。你会发现这里很多都要收钱，尤其是服务业的收费简直是到了可笑的程度。但也可以理解，在这里没钱就活不下去，更糟的是还不一定有人来管你。想象一下，万一大家都只想过好自己的生活，公司只顾自己的利益会是怎样。所以大家还是早认识到这一点为好。还有一点，宗教是了解美国的关键。可以说是上帝把这个国家的人凝聚在了一起。上宗教课的时候，老师指出了在有些方面这个国家是偏离了基督教的，人们也不能做到真正坚持基督教教义，但是人们总有信仰，他们对上帝的共同信仰很大程度上使他们为自己是美国人而感到自豪。所以在面对美国对其他宗教或是不支持宗教的共产主义指手画脚的时候，也应该去想想他们这么做的目的。

最后，我想说，大家都不容易，选择了这条路注定要遇到很多坎坷。然而这样的选择演绎了一段精彩的生命，我不后悔且心存感激。

后　记

　　南京的高温让这个暑假变得异常煎熬。前几天淅淅沥沥下了雨、降了温，好不容易让人感受到一些秋味。不知不觉这已经是交流归来的第三个月，中秋节的气氛恰到好处，而我也终于能舒舒服服地倒杯水坐在电脑前写这本书的后记。

　　组织编写《交流生笔记》很大程度上是受前两届交流生办的校内刊物的启发。高二去美国交流可以算是南外的传统，交流归来后将所得所想记录归纳分享给后人也是传统。我在去交流之前把能找到的所有的交流生文集都翻了一遍，大大小小的疑难杂症在之后的交流过程中都或多或少碰到过，而前人的经验让我觉得自己并不是在孤身奋战。正因如此，我希望我们这一届依然可以延续这样的传统，将这一路的点点滴滴记录在案，也希望在我们之后的交流生可以从中受益。

2013年春，我在交流生的群里正式征集文稿。一开始并没有得到很积极的响应，还有同学不理解以为这是商业活动。其实我自己也不是很确定是否有能力完成这件事，毕竟我想做的不是校内文集，而是有图书刊号的正式出版物。非常感谢我的好哥们儿曹格瑞的给力加盟以及后来大家陆续的投稿，让我有了把这本书完整地做出来的勇气。其实无论是哪一届的交流生，回国以后一定都在忙着准备托福和SAT，往届的同学也有了崭新而充实的大学生活，但大家都非常珍惜交流的经历，也非常愿意将个人感想分享给所有人，这才奠定了这本书之所以现在能够以这样的方式呈现在大家面前的基础。

就像世界上没有两片完全相同的树叶一样，我们每个人交流的经历都独一无二。这本书凝聚了2012—2013年度交流生的经验之谈，又遴选了少部分2010～2011及2011～2012年度交流生的心得，分别选自《交流生》和《初星》。我们在和各位分享一年美国高中生活的喜怒哀乐的同时，也希望后面的同学能更好地了解交流的利弊，做最充分的准备。16岁去闯美国在旁人看来的确有些不可思议，前方的路或许不会一帆风顺，但既然选择了去交流，就要相信这一定是一次满载而归的旅程。之所以想要联系出版社正式出版，是为了能让更多的人了解我们的生活，因为这一本书里的几十篇文章不仅仅是我们最真实的心路历程，更是一支特殊的年轻队伍在异国他乡书写的历史。

在此书出炉之际，我想特别感谢一些人。谢谢我的家人和在美国的住家，在我一开始遇到困难时鼓励我，他们支持我，给了我十足的动力。谢谢副主编曹格瑞在整个过程中不遗余力地付出和配合，让我觉得不管多困难我都不是一个人在战斗。谢谢董校长在百忙之中为我们的书写序。谢谢所有来稿的同学的勤奋努力。十分感谢江苏宏德文化出版基金会的支持和南京大学出版社的鼎力相助，特别是南大出版的编辑戚宛珺姐姐，她的润色为此书增添了不少光彩，也谢谢加州大学洛杉矶分校的王泹亦姐姐提供的美国风景相片。谢谢校友邰望舒（高露洁大学）为我们这本书起了英文名，同时也谢谢远在美国上大学的2011届交流生殷玫然（普林斯顿大学）和王子君（瓦萨学院）学姐对此书的支持。

今年恰逢母校南京外国语学校50年校庆，我们想把这本《交流生笔记》献给母校。献给所有学成归来的交流生，希望这会是一份美好的回忆；也献给即将成为交流生的学弟学妹，希望你们读完此书能有所收获。愿我们最爱的母校在未来的日子里蒸蒸日上，也祝愿母校的老师们身体健康，阖家幸福。

杨楚璇

2013年9月于南京

图书在版编目(CIP)数据

交流生笔记 / 杨楚璇主编,曹格瑞副主编. —南京:南京大学出版社,2013.10

ISBN 978 - 7 - 305 - 12260 - 6

Ⅰ. ①交… Ⅱ. ①杨… ②曹… Ⅲ. ①留学生教育-概况-美国 Ⅳ. ①G649.712

中国版本图书馆 CIP 数据核字(2013)第 241942 号

出版发行　南京大学出版社
社　　址　南京市汉口路 22 号　　邮　编　210093
网　　址　http://www. NjupCo. com
出 版 人　左　健
书　　名　交流生笔记
主　　编　杨楚璇
副 主 编　曹格瑞
责任编辑　戚宛珺　张婧妤　　　　编辑热线　025 - 83583947
照　　排　南京紫藤制版印务中心
印　　刷　南京凯德印刷有限公司
开　　本　787×1092　1/16　印张 14.75　字数 185 千
版　　次　2013 年 10 月第 1 版　2013 年 10 月第 1 次印刷
ISBN　978 - 7 - 305 - 12260 - 6
定　　价　68.00 元

发行热线　025 - 83594756　83686452
电子邮箱　Press@NjupCo. com
　　　　　Sales@NjupCo. com(市场部)